AI 에이전트, 초개인화 경험을 설계하라

AI 에이전트, 초개인화 경험을 설계하라

안용일
유성진
최호규
지 음

RHK
알에이치코리아

기술은 앞서가는데,
왜 우리의 경험은 여전히 끊기는가

우리는 지금 혁신이라는 단어가 더 이상 특별하게 느껴지지 않을 만큼 변화가 일상이 된 시대를 살아가고 있습니다. 매일 사용하는 스마트 기기와 서비스 영역에서도 새로운 기능과 정교한 기술로 무장한 신제품들이 끊임없이 쏟아져 나옵니다. 그러나 이러한 기술적 진보가 우리의 일상을 그만큼 편리하게 만들었는지에 대해서는 선뜻 동의하기 어렵습니다.

이는 점차 확산되는 테이블 오더나 키오스크 주문 과정에서 느끼는 당혹감을 떠올려보면 쉽게 수긍이 갈 것입니다. 분명 기기가 할 수 있는 일이 늘어나고 선택지도 많아졌지만, 우리가 새로운 기능을 익히고 여러 기기와 서비스를 오가며 원하는 바

《 기술은 발전했지만 불편함은 그대로 》

를 이루는 과정은 여전히 불편하고 단절되어 있습니다. 기술이 앞서 나가는 속도만큼, 사용자가 체감하는 일상의 경험은 진보하지 못하고 있는 셈입니다.

이러한 간극은 지금까지 기술이 발전해 온 방식과 깊은 관련이 있습니다. 그동안 기술은 개별 기능과 성능 고도화를 중심으로 발전해 왔지만, 정작 사용자가 어떤 목적을 가지고 어떤 과정을 거쳐 그 기술을 사용하는지에 대한 고려는 부족했습니다. 다시 말해 사용자의 실제 삶 속에 기술이 어떻게 녹아들어야 하는지에 대한 종합적 설계가 빠져 있었던 것입니다. 이로 인해 기능은 계속 추가되지만, 사용자는 여전히 그 파편화된 기능들을 스스로 조합하고 실행해야 하는 고된 위치에 머물러 있습니다.

모바일 인터넷 시대의 스마트폰은 우리에게 이전과는 다른 편리함을 선사했습니다. 축적된 데이터를 통해 서비스는 사용자의 의도를 일정 부분 이해할 수 있게 되었고, 상시 연결된 네트워크는 여러 서비스가 일정한 흐름 안에서 작동할 수 있는 기반을 마련해 주었습니다. 하지만 앱을 중심으로 한 지금의 사용자 환경에서는 우리가 여전히 앱 사이를 옮겨 다니고, 필요에 따라 기기를 전환하며 각각의 단계를 직접 이어 붙여야 합니다. 기능과 서비스는 넘쳐나지만, 그것들이 하나의 매끄러운 경험으로 연결되지 못하면서 발생하는 불편과 단절은 여전히 우리의 숙제로 남아 있습니다.

이 책은 바로 이 지점, 즉 기술의 발전과 사용자 경험의 정체 사이에 존재하는 간극을 인공지능(AI)이 어떻게 메울 수 있을지에 대한 의문에서 시작되었습니다. 불과 얼마 전까지만 해도 AI는 기업의 효율을 높이는 자동화 도구나 정보를 정리해 주는 보조적 수단에 머물렀습니다. 하지만 이제는 단순한 기능 제공을 넘어 사용자의 행동 맥락 전반에 관여할 수 있는 기술적 토대를 갖추기 시작했습니다. 저자들은 이러한 가능성을 바탕으로 사용자 경험의 구조를 완전히 다시 설계해야 한다고 믿습니다.

여기서 분명히 짚고 넘어갈 사실은, 무작정 AI를 도입한다고 해서 사용자 경험이 곧바로 개선되지 않는다는 점입니다. 기기 간 연결이 느슨하고 서비스 간 흐름이 단절된 환경에서는 아무리 뛰어난 AI가 개입하더라도 사용자가 체감하는 변화는 미미할 수밖에 없습니다. 오히려 준비되지 않은 환경에 투입된 AI가 혼란과 새로운 불편을 초래할 뿐입니다. 앞으로의 경쟁은 단순히 더 많은 기능을 제공하는 단계를 넘어, 다양한 기기와 서비스 그리고 AI가 어떻게 하나의 목적을 중심으로 결합되는가에 의해 결정될 것입니다. 결국 중요한 것은 기술 그 자체가 아니라, 그것이 어떤 구조 안에서 사용자 경험을 만들어내는가 하는 문제입니다.

저자들은 오랜 기간 다양한 현장에서 기술이 발전할수록 경험의 단절이 반복되는 모습을 지켜보았습니다. 특별한 신기술이 없어도 경험의 흐름을 중심으로 구조를 설계할 때, 훨씬 강력한 경쟁력이 만들어진다는 사실 또한 확인해 왔습니다. 이러한 경험을 바탕으로 우리는 이 책에서 개별 AI 기술을 소개하기보다, 사용자 경험이 어떤 구조 위에서 작동해야 AI 시대에 의미 있는 가치를 만들어낼 수 있는가에 대한 새로운 시각을 제시하고자 합니다.

흔히 사용자 경험은 기기, 서비스, AI와 같은 기술 요소들이

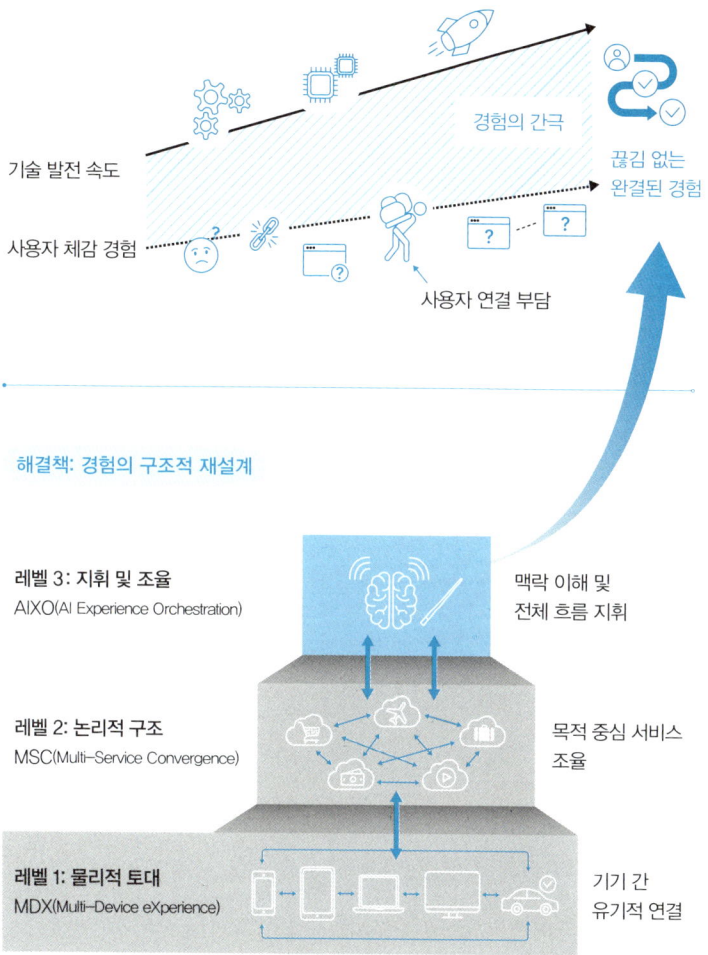

현재의 문제: 기술과 경험의 간극

경험의 간극

기술 발전 속도

끊김 없는
완결된 경험

사용자 체감 경험

사용자 연결 부담

해결책: 경험의 구조적 재설계

레벨 3: 지휘 및 조율
AIXO(AI Experience Orchestration)

맥락 이해 및
전체 흐름 지휘

레벨 2: 논리적 구조
MSC(Multi-Service Convergence)

목적 중심 서비스
조율

레벨 1: 물리적 토대
MDX(Multi-Device eXperience)

기기 간
유기적 연결

❰ 기술의 발전과 경험의 정체 그리고 해결 구조 ❱

더해져 만들어지는 결과로 이해되어 왔습니다. 하지만 저자들은 실제 사용자가 체감하는 경험이 세 개의 계층을 가진 입체적인 구조로 정의되어야 한다고 믿습니다.

먼저 여러 기기가 사용자의 목적을 향해 하나의 팀처럼 작동하는 물리적 토대를 다중 디바이스 경험(MDX, Multi-Device eXperience), 다음으로 수많은 서비스가 기능을 넘어 사용자의 목적을 중심으로 조율되는 논리적 구조를 다중 서비스 융합(MSC, Multi-Service Convergence)으로 정의합니다. 그리고 이 복합적인 구조 위에서 사용자의 맥락을 이해하고 전체 경험의 흐름을 지휘하는 조율자를 AI 경험 오케스트레이션(AIXO, AI Experience Orchestration)이라고 명명합니다. 이 세 가지는 개별적으로 존재하는 기술이 아니라, 하나의 완결된 경험에 이르기 위해 반드시 함께 맞물려 작동해야 하는 연속적인 구조적 층위입니다.

이 책은 이러한 논리적 흐름을 따라 5개의 장(章)으로 구성되어 있습니다. 1장에서는 시장에서 나타나는 거대한 변화를 통해 경험 중심 경쟁의 배경을 짚어보고, 2장과 3장에서는 경험의 구조를 단계별로 해체하여 각각 기기와 서비스의 토대가 어떻게 형성되어야 하는지를 살펴봅니다. 4장에서는 이 모든 기반 위에 AI가 어떻게 지휘자의 위치에서 조율하는 역할을 맡는지를 다룹니다. 이 같은 구성은 복잡한 이론을 설명하기보다 이미 우리 곁에 현실로 나타나고 있는 새로운 경험의 패턴을 발견하고, 이를 독자의 비즈니스와 일상에 연결하여 이해할 수 있도록 돕는 길잡이가 될 것입니다. 끝으로 5장에서는 이러한 구조적 변화가 우리 사회에 던지는 근본적인 질문을 짚어보고, 개인·교육·기업·산업·국가가 지금부터 시작할 수 있는 미래 준비의 방향을 제안합니다.

차례

5장　AI 에이전트 지휘자로의 성장
— 핵심 질문과 실행 계획

1장

기술의
풍요 속에
갇힌
불완전한 경험

우리는 지금 인류 역사상 그 어느 때보다 강력하고 정교한 기술의 혜택을 누리며 살아가고 있습니다. 스마트폰은 이제 단순한 통신 기기를 넘어 일상의 중심축이 되었고, 생활 속에서 접하는 수많은 서비스가 스마트폰 안으로 들어오고 있습니다. 집 안의 여러 가전 기기는 보이지 않는 네트워크로 연결되어 서로 데이터를 주고받으며 우리의 하루를 더욱 편리하게 만들어 주고 있습니다. 기술은 분명 이전보다 훨씬 정교해졌으며, 기기가 할 수 있는 일의 범위 역시 획기적으로 늘어났습니다.

그런데 여기서 한 가지 모순적인 현상이 발견됩니다. 기술과 서비스가 이토록 풍요로워졌음에도 불구하고, 정작 우리의 하루는 그만큼 단순해지거나 여유로워지지 않았다는 점입니다. 오히려 우리는 예전보다 수시로 열어야 할 앱이 많아졌고, 관리해야 할 기기는 늘어났으며, 기술 사이에서 어떤 선택을 내려야할지 고민해야 하는 상황이 더 빈번해졌습니다. 기술은 사용하기 쉬워졌을지 모르지만, 우리가 그 기술들을 조합하여 일상을 완성해 나가는 과정은 여전히 복잡하고 고된 작업으로 남아 있습니다.

이러한 모순은 기술력의 부족이 아니라 기술이 확장되는 방식이라는 근본적인 문제에서 비롯되었습니다. 기술은 빠르게 진보했지만, 그 확장의 기준이 사용자의 실제 상황이나 의도가 아닌 개별 기능의 고도화에만 맞춰져 있었기 때문입니다. 기기와 서비스는 끊임없이 늘어났지만, 사용자가 자신의 목적을 이루는 과정은 그만큼 단순화하지 못했습니다. 오히려 각 단계마다 더 많은 선택과 전환을 강요받고 있습니다. 결과적으로 사용자는 수많은 기술 조각들을 직접 선택하고 이어 붙이며 사용 과정을 설계해야 하는 부담을 떠안게 되었습니다. 기술의 발전에도 불구하고 사용자가 체감하는 복잡성이 줄어들지 않는 근본적인 이유가 여기에 있습니다.

최근 몇 년 사이 여러 산업 분야에서 기능과 서비스를 대폭 확장하고 AI까지 적극적으로 도입했음에도 불구하고, 사용자 경험이 기대만큼 달라지지 않는 사례들이 늘어나고 있습니다. 이는 사용자 경험의 문제를 단순히 개별 기술의 완성도나 기능의 확장이 아닌 새로운 관점에서 바라봐야 한다는 인식을 불러일으키고 있습니다.

사용자 경험에 대한 이러한 인식의 변화는 일부 선도적인 기업들의 대응 방식에도 영향을 미치기 시작했습니다. 이들은 단순히 새로운 기능을 추가하거나 화면을 보기 좋게 다듬는 데 집중하기보다, 사용자가 일상의 어느 지점에서 경험의 단절을 느끼는지 그리고 어떤 순간에 기술의 복잡성에 피로를 느끼며 장벽을 의식하게 되는지를 면밀히 재검토하고 있습니다.

이 장에서는 이러한 변화의 물결이 실제 산업 현장에서 어떤 모습으로 구체화되고 있는지를 다양한 기업들의 성공과 실패 사례를 중심으로 살펴보고자 합니다. 이를 통해 우리는 단순히 기술력을 과시하는 경쟁에서 벗어나 사용자 경험 중심의 경쟁으로 시장의 패러다임이 이동하고 있는 거대한 흐름을 파악하게 될 것입니다. 그 결과로 사용자 경험이 왜 이 시대의 새로운 경쟁력이자 가장 강력한 생존 기준이 되었는지 그 이면에 담긴 배경과 맥락도 짚어볼 예정입니다.

이러한 탐색의 과정은 결국 '사용자 경험은 어디에서 시작되어 어떻게 완성되는가'라는 근본적인 질문으로 우리를 인도

할 것입니다. 기술이 제공하는 단편적인 기능을 넘어 사용자의 일상 속에서 유기적으로 흐르는 경험을 만들어내기 위해 우리가 무엇을 먼저 준비해야 하는지 그 답을 찾아가는 여정을 상세히 다루어 보겠습니다.

경험 경쟁의 시작: 흐름을 읽어낸 기업들의 공통점

기술이 빠르게 발전하던 시기에 많은 기업은 얼마나 많은 기능을 제공할 수 있는지가 곧 경쟁력이라고 믿었습니다. 스마트폰에 새로운 기능을 추가하거나 서비스에 새로운 메뉴를 도입하는 것만으로도 시장의 주목을 받을 수 있었고, 이러한 변화는 곧 혁신으로 받아들여졌습니다. 자연스럽게 사용자는 더 많은 기능과 선택지를 원할 것이라는 가정이 뒤따랐습니다.

그러나 시간이 흐르면서 사용자의 반응은 조금씩 달라지기 시작했습니다. 기술이 발전할수록 사용자가 이를 이해하고 관리해야 하는 부담이 함께 커지면서, 기능이 늘어나는 것이 반드시 더 나은 경험으로 이어지지는 않는다는 인식이 확산되었습니다.

이러한 변화의 흐름을 비교적 빨리 포착한 일부 기업들은 새로운 기술이나 기능을 앞세우기보다 사용자의 일상을 관찰하는 데 집중했습니다. 사용자가 어떤 순서와 맥락으로 기기와 서비스를 사용하는지를 살핀 후, 그 흐름 속에서 무엇이 자연스럽고 무엇이 불필요한지를 구분하려 애썼습니다.

애플은 이러한 관점을 제품과 경험 설계에 비교적 일찍부터 반영해 온 대표적인 기업입니다. 많은 기업이 개별 기기의 하드웨어 성능을 높이는 데 매몰되어 있을 때, 애플은 기기 하나하나를 독립적으로 보기보다 기기들이 사용자의 일상에서 어떻게 연결될 수 있는가를 고민했습니다.

개인용 컴퓨터(PC)와 스마트폰 그리고 태블릿과 스마트워치를 각기 다른 제품군으로 바라보던 당시의 일반적인 관점과 달리, 애플은 이 기기들이 사용자의 일상 속에서 서로 다른 순간을 담당한다고 이해했습니다. 새로운 제품을 설계할 때도 해당 기기가 어떤 기능을 제공할 것인가보다 기존 기기들과 어떤 상호작용을 만들어낼 수 있는가를 최우선으로 고려했습니다. 아침에는 애플워치로 알림을 확인하고, 이동 중에는 아이폰으로 음악을 듣다가, 업무 중에는 맥북으로 작업을 이어가고, 저녁에

《 애플의 사용자 경험 》

는 애플 TV로 콘텐츠를 소비하는 과정에서 사용자가 기기를 바꾼다는 느낌을 최소화하도록 설계한 것입니다.

이는 핸드오프(Handoff)나 에어드롭(AirDrop) 같은 개별 기능보다 사용자가 어디까지 작업했는가를 시스템이 기억하고 자연스럽게 이어준다는 경험 원칙이 일관되게 적용되었기 때문입니다. 경험 중심의 이러한 접근은 여러 기기와 서비스가 함께 작동할 때 하나의 연속된 경험으로 인식되도록 만들었으며, 애플 생태계가 하나의 통합된 환경처럼 느껴지게 하는 강력한 기반이 되었습니다.

아마존 역시 사용자 경험을 전략의 중심에 두고 성장을 이어온 대표적인 기업입니다. 흔히 아마존의 초기 성공은 빠른 배송으로 설명되지만, 그 이면에는 구매라는 목적을 가능한 한 적은 단계로 완성하도록 설계된 구조가 자리하고 있었습니다. 사용자가 상품을 찾아 장바구니에 담고 결제를 진행하며 배송을 선택하는 과정은 본래 여러 단계로 나뉘어 있지만, 아마존은 이를 하나의 연속된 목적 흐름으로 묶어냈습니다. 프라임 멤버십 역시 배송 속도나 콘텐츠 이용과 같은 개별 혜택의 묶음이라기보다, 사용자가 어떤 상황에 있든 아마존을 가장 먼저 떠올리게 만드는 구조적 장치로 작동하고 있습니다.

이러한 접근은 사용자의 활동 범위를 서비스 안에 가두기보다 다양한 상황 속에서 자연스럽게 이어지도록 만드는 데 초점이 맞춰져 있습니다. 예를 들어 콘텐츠를 소비하다 필요한 물품을 주문하거나, 요리를 준비하다 생필품을 재주문하는 과정이 별도의 탐색 없이 이어지도록 설계되었습니다.

알렉사는 아마존의 이러한 전략을 가장 직접적으로 보여줍니다. 사용자는 알렉사를 통해 조명을 켜고 음악을 재생하며 필요한 물품을 재주문하는 등 여러 활동을 화면 전환 없이 수행할 수 있습니다. 이 과정에서 아마존은 사용자의 상황과 행동 맥락을 축적하고 그에 맞는 다음 행동을 자연스럽게 제안하는 경험을 구축해 왔습니다.

　　구글은 또 다른 방식으로 경험 중심 경쟁을 이해해 온 기업입니다. 애플처럼 기기 생태계를 직접 통제하거나 아마존처럼 하나의 서비스 안에서 모든 경험을 완결하는 대신, 사용자의 행동과 그 맥락을 해석하는 지능적 능력의 개발에 집중했습니다. 구글은 사용자의 위치와 시간 그리고 관심사와 과거 행동을 개별적으로 해석하기보다 하나의 맥락으로 연결해 이해하려 했습니다.

　　이를 위해 그들은 검색과 지도 그리고 유튜브와 같은 여러 서비스가 함께 작동하며 사용자의 다음 행동을 자연스럽게 이어주는 경험을 구성해 왔습니다. 검색은 단순히 질문에 대한 답을 제공하는 데 그치지 않고, 사용자가 언제 어디서 검색했는

《 구글의 사용자 경험 》

지를 반영해 다음 행동으로 이어질 수 있는 구체적인 선택지를
제시합니다. 장소를 검색하면 곧바로 길 안내로 연결되고, 반복
된 이동이나 관심사는 이후 추천과 제안에 실시간으로 반영됩
니다. 지메일에 포함된 일정 정보는 별도의 입력 없이 캘린더에
기록되고, 장소 정보는 지도와 연결되어 이동 경로 안내로 이어
집니다.

　구글의 경쟁력은 특정 기기나 단일 서비스의 성능에 있지
않습니다. 사용자가 순간적으로 무엇을 하려는지를 이해하고
그 행동이 끊기지 않도록 서비스 전반에서 정교한 흐름을 설계
하는 데 있습니다.

삼성은 또 다른 의미에서 경험 중심 경쟁에 비교적 일찍 뛰어든 기업입니다. 그들은 스마트폰과 TV 그리고 냉장고와 세탁기 등 서로 다른 영역의 기기를 폭넓게 보유하고 있습니다. 과거에는 이 기기들이 각자의 목적을 수행하는 독립된 제품군으로 존재하는 경우가 많았습니다. 그러나 기기 수가 빠르게 늘어나기 시작하면서, 삼성은 기기 간 연결 자체가 새로운 경험의 기준이 될 수 있음을 인식했습니다. 이러한 인식은 최근 들어 기기 간 흐름을 하나의 통합된 사용자 경험으로 구축하려는 전략으로 보다 분명하게 드러나고 있습니다.

그 중심에는 개인의 기기를 하나로 연결하는 갤럭시 생태계와 가전 및 센서 기반의 사물인터넷(IoT) 스마트홈 플랫폼 스마트싱스(Smart-Things)가 있습니다. 삼성은 이 두 축을 기반으로 사용자의 생활 속 곳곳에서 기기들이 각기 다른 역할을 수행하면서도 하나의 흐름으로 이어지도록 경험의 기초 구조를 만들어 왔습니다. 예를 들어 스마트폰에서 보던 영상이 TV에서 자연스럽게 이어지거나, 냉장고 스크린에서 확인한 레시피가 스마트폰 장보기 목록으로 연결되는 방식입니다. 운동 기록 역시 스마트워치와 스마트폰 그리고 TV가 연동되어 하나의 맥락 안에서 통합적으로 관리됩니다.

삼성의 지향점은 단순히 다양한 기기 라인업을 보유하는

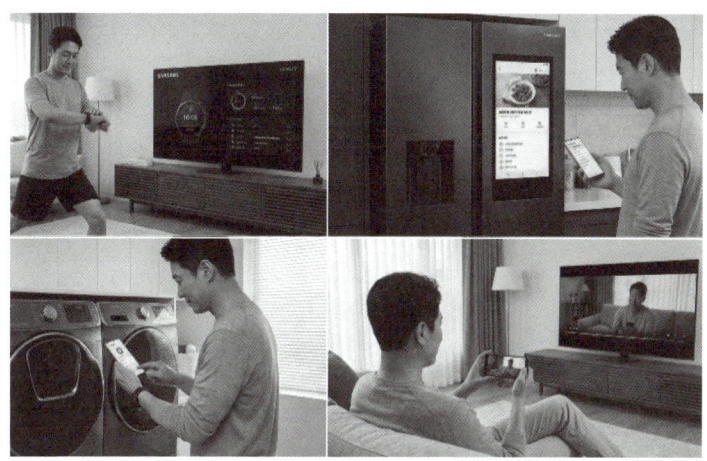

《 삼성의 사용자 경험 》

것을 넘어, 여러 기기가 함께 작동할 때 완성되는 생활 전반의 경험을 설계하는 데 있습니다.

카카오뱅크는 전통적인 은행의 조직 구조나 업무 구분이 아니라, 사용자가 실제로 수행하는 행동을 기준으로 금융 앱을 구성했습니다. 계좌 조회와 송금 그리고 대출과 카드 같은 기능을 별도의 메뉴로 나열하기보다, 사용자가 해야 할 일을 하나의 흐름 속에서 최소한의 단계로 끝낼 수 있도록 설계했습니다.

토스는 여기서 한 단계 더 확장해, 금융 서비스를 개별 기능이 아닌 하나의 연속된 여정으로 재구성했습니다. 단순히 계좌 조회와 송금 기능을 묶는 데 그치지 않고 지출 관리와 보험

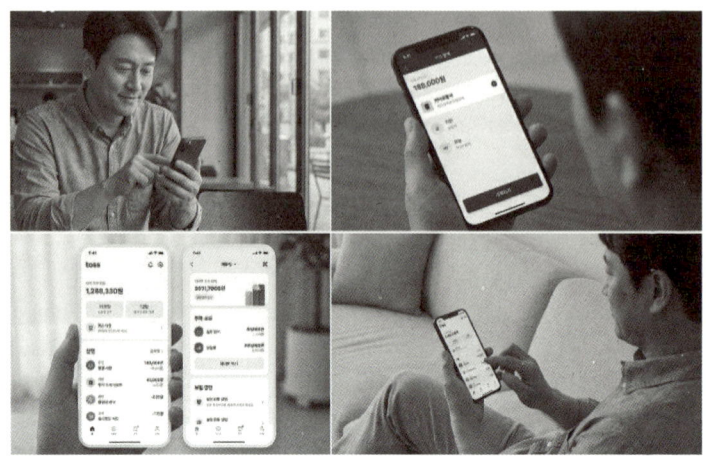

《 카카오뱅크와 토스의 사용자 경험 》

그리고 투자까지 사용자의 상황에 따라 자연스럽게 이어지도록 경험을 설계했습니다. 사용자가 다음에 무엇을 해야 할지를 스스로 판단하며 메뉴를 탐색하기보다, 앱이 사용자의 맥락을 읽고 적절한 기능으로 안내하는 방식입니다. 이를 통해 단절된 다양한 금융 기능의 집합이 아니라 여러 서비스가 하나의 흐름으로 인식되도록 구성했습니다.

앞서 살펴본 사례들은 하나의 공통된 방향성을 보여줍니다. 서비스와 기기가 기하급수적으로 늘어난 환경에서, 사용자가 스스로 이들을 조합하며 경험의 조각을 이어 붙이는 방식은 무거운 인지적 부담이 된다는 사실입니다. 기술이 복잡해질수록 사용자는 그 복잡함을 직접 관리하기보다 자신의 목적에 맞게 알아서 작동하는 매끄러운 연결을 원하고 있습니다.

이러한 변화의 본질을 명확히 인식한 기업은 사용자를 대신해 경험의 흐름을 설계하는 방향으로 전략의 중심을 옮겼습니다. 기능의 수나 하드웨어 성능을 앞세우기보다 사용자의 하루 전체가 기기 간의 유기적인 상호작용을 통해 자연스럽게 이어질 수 있는가를 기준으로 경험의 구조를 재편한 것입니다.

그 결과 이들은 개별 제품의 만족도를 향상하는 것을 넘어, 강력한 생태계를 구축하고 독보적인 사용자 충성도를 확보하며 시장의 주도권을 거머쥐게 되었습니다. 이들의 성공은 경험을 조율하는 능력이 새로운 시대의 가장 강력한 차별화 요소로 부상하고 있음을 증명합니다.

경험 중심 사고의 부재: 흐름을 읽어내지 못한 기업들의 공통점

• •

경험 중심 경쟁의 필요성이 이토록 분명해졌음에도 불구하고, 여전히 기능 확장 중심의 전략에서 벗어나지 못한 기업들이 다수 존재합니다. 이는 단순히 변화에 둔감하기보다 오랜 기간 기능 중심으로 운영되며 고착된 조직 구조와 의사결정 방식의 영향 때문입니다.

　대부분의 기업에서 제품과 서비스는 기능 단위로 나뉘어 기획됩니다. 각 기능은 서로 다른 조직과 팀에 의해 분리되어 운영되며, 성과 역시 개별 기능 단위의 지표를 중심으로 평가됩니다. 이러한 구조적 환경에서는 사용자의 전체적인 경험 흐름보다 개별 기능 단위의 성과를 측정하고 관리하기가 훨씬 더 수월합니다. 그 결과 사용자가 불편을 느끼는 근본적인 경험의 문제를 개별 기능의 부족이나 완성도 문제로 오인하는 경우가 빈번하게 발생합니다. 이제까지 기업들은 경험을 근본적으로 재설계하기보다 기존 방식 위에 새로운 기능을 덧붙이는 선택을 반복해 왔습니다.

　이러한 접근의 한계는 금융 산업에서 특히 뚜렷하게 나타났습니다. 신한, 삼성금융, KB, 우리, 하나 등 주요 금융회사는 디지털 전환을 추진하며 앱 안에 더 많은 메뉴와 기능을 빠르게 추가하는 데 집중해 왔습니다. 대출과 예금 그리고 투자와 카드와 보험 등 개별 서비스의 종류와 선택지는 분명 풍부해졌으나, 이 기능들이 사용자가 목적하는 바를 이루기 위한 흐름으로 연결되지 않는다는 점이 문제입니다.

사용자는 예금을 확인하는 도중에 투자를 살펴보려면 전혀 다른 앱을 실행해야 했고, 한 앱 안에서도 동일한 정보를 여러 화면에서 반복 입력해야 하는 상황을 자주 마주했습니다. 기능은 늘어났지만 사용자가 실제로 수행하는 금융 활동은 여전히 여러 조각으로 분절되어 있었던 것입니다.

이러한 구조가 발생한 이유는 금융 앱의 화면과 메뉴 체계가 여전히 내부 조직과 서비스 구분 논리를 따르고 있기 때문입니다. 여러 서비스를 하나로 묶으려는 시도는 있었지만, 사용자가 하나의 목적을 이루기까지 거쳐야 하는 단계는 크게 줄어들지 않았습니다. 그 결과 많은 금융 앱은 디지털화에는 성공했지만, 사용자가 체감하는 경험은 여전히 복잡하고 단절된 상태로 남아 있습니다.

커머스 산업에서도 유사한 문제가 반복되었습니다. 이베이, 월마트 같은 해외 플랫폼은 물론 국내 이커머스 업체들 역시 사용자 접점을 늘리기 위해 앱 중심의 서비스를 구축해 왔습니다. 검색 속도는 빨라졌고, 추천 알고리즘은 정교해졌으며, 결제 과정도 이전보다 간편해졌습니다. 그러나 이러한 기술적 개선이 구매 전후 경험을 하나의 흐름으로 연결하지 못했습니다.

사용자는 상품을 탐색할 때와 배송 현황을 확인할 때 서로 다른 메뉴를 오가야 했고, 문제가 발생하면 고객센터나 별도의 채널로 이동해 상황을 처음부터 다시 설명해야 했습니다. 기능은 고도화되었지만, 사용자가 실제로 겪는 구매 경험은 단계별로 분절되어 있었던 것입니다.

구매 과정 자체는 편리해졌지만, 배송과 교환 그리고 반품으로 이어지는 이후 과정은 매번 새로 시작되는 느낌을 준다는 점, 추천이 많아졌음에도 상황이나 맥락에 어긋나는 경우가 많다는 점이 대표적인 사용자 불만으로 지적되었습니다. 구매 이전 단계는 최적화되었지만 구매 이후 경험은 여전히 연결되지 않았고, 사용자는 서비스의 분절을 보완하기 위해 자신의 경험을 스스로 이어 붙여야 했습니다.

모빌리티 산업에서도 유사한 패턴이 발견됩니다. 공유 차량과 대중교통 안내 그리고 내비게이션과 주차 서비스 등 다양한 모빌리티 기능이 등장했지만, 많은 기업은 이를 하나의 이동 경험으로 통합하기보다 개별 서비스로 확장하고 있습니다. 그 결과 사용자는 동일한 목적지를 향하면서도 차량 호출 앱과 내비게이션 앱 그리고 주차 앱은 가가 오가야 했고, 이동 계획을 세우는 과정은 기술이 발전할수록 오히려 더 복잡해졌습니다.

이러한 불편이 누적되자 일부 기업은 여러 기능을 하나의 앱에 통합하려 시도하기도 했습니다. 그러나 이는 이동이라는

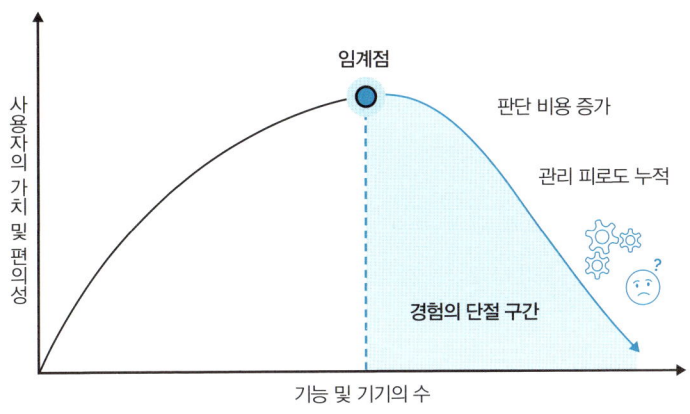

《 경험의 엔트로피와 임계점 》

목적을 기준으로 흐름을 재설계한 결과라기보다 단순히 기존 기능들을 한 화면 안에 나열한 방식에 가까웠습니다. 그 결과 기능의 수는 늘어났지만, 사용자가 출발부터 도착까지 겪는 과정은 여전히 분절된 상태로 남아 있었습니다. 결국 모빌리티 경험에서도 문제는 기능의 부족이 아니라 이동이라는 하나의 목적을 중심으로 경험이 연결되지 않는다는 점에 있었습니다.

앞서 살펴본 금융·커머스·모빌리티 산업의 공통된 실패 원인은 경험을 전체 흐름이 아닌 기능 단위로 나누어 생각하고 관리한다는 점에 있습니다. 이들 기업은 경쟁력을 확보하기 위해 더 많은 기능을 제공해야 한다고 믿었으나, 사용자가 진정으로 원하는 것은 하나의 목적을 빠르고 자연스럽게 완성할 수 있는 경험의 흐름입니다. 사용자는 기능이 많아질수록 오히려 피로감을 느끼고 이탈을 고민합니다.

산업은 서로 다르지만 반복되는 문제의 형태는 매우 유사합니다. 결국 성패를 가른 것은 기술의 양이나 개별 기능의 완성도가 아니라 사용자의 행동과 목적을 중심으로 경험을 재구성할 수 있는 구조적 역량을 갖추고 있는가 하는 점입니다.

기술은 계속해서 발전하고 있지만, 개별 기능을 확장하는 방식으로는 더 이상 경쟁력을 확보하기 어렵습니다. 이제 기업이 고려해야 할 점은 기능이 아니라 사용자의 하루 속에 존재하는 목적 단위의 흐름입니다. 이러한 전환을 이루지 못한 기업은 기술을 보유하고 있음에도 명확한 차별화를 만들어내지 못합니다. 이는 단기적인 문제를 넘어 앞으로의 환경 변화 속에서 더욱 크게 작용할 구조적 한계로 이어지고 있습니다.

경험 중심 전환이 만든 성장: 흐름을 읽어낸 기업들의 공통점

• •

많은 기업이 기능 중심 사고에서 벗어나지 못하는 한편으로, 같은 환경 속에서도 경험의 흐름을 기준으로 구조를 재설계하여 전혀 다른 성과를 창출한 기업들도 존재합니다. 그 기업들이 경험을 어떤 구조로 설계했는지 구체적으로 들여다보겠습니다.

경험 중심 경쟁이 본격화되던 초기에는 많은 기업이 이를 단순히 화면 디자인을 개선하거나 사용자 환경을 다듬는 문제로 오해했습니다. 그러나 시간이 흐르며 실제 성과들이 축적됨에 따라, 경험을 중심에 둔 전환이 단순한 사용성 개선 그 이상의 의미를 갖는다는 사실이 분명해졌습니다. 사용자 경험을 재설계한다는 것은 기능을 어떻게 보여줄 것인가가 아니라, 사용자가 자신의 목적을 이루는 과정을 어떤 구조로 정의할 것인가의 문제였기 때문입니다.

경험을 비즈니스의 중심에 둔 기업들은 제품이나 서비스의 구성을 넘어, 기기 간의 관계와 서비스의 연결 방식 그리고 조직의 역할과 판단 기준까지 경험의 흐름에 맞춰 재정렬하기 시작했습니다. 이러한 구조적 전환은 기능 경쟁을 넘어 경험 구조 경쟁의 우위로 이어졌으며, 이는 곧 실질적인 매출 성장과 시장 판도의 재편으로 연결되었습니다.

애플은 이러한 경험 중심의 전환이 어떻게 실제 기업의 성장으로 이어지는지를 가장 앞서 증명한 사례입니다. 애플 생태계가 가지는 진정한 가치는 개별 제품의 하드웨어 성능에 있지 않습니다. 스마트폰 시장이 성숙기에 접어든 이후에도 아이폰이 꾸준히 시장을 주도한 배경에는, 하나의 기기를 넘어 여러 기기가 사용자의 일상을 끊김 없이 이어주는 경험 구조가 자리하고 있습니다.

아이폰 사용자가 맥북이나 애플워치의 사용자로 자연스럽게 확장되는 현상은 특정 제품의 기능이 뛰어나기보다 기기 간 전환 과정에서 불필요한 단절이나 재학습이 거의 발생하지 않기 때문입니다. 사용자는 기기를 추가할 때마다 사용 방식을 새로 익히기보다 기존의 흐름을 유지한 채 경험을 확장해 나갈 수 있습니다. 이러한 경험 구조는 기업에는 장기적인 고객 유지율을, 사용자에는 기술에 대한 부담 없는 자연스러운 일상을 제공합니다.

아마존 역시 경험 중심 구조를 기반으로 폭발적인 성장을 이끌어낸 대표적인 사례입니다. 현재 아마존 프라임 회원은 미국 전체 가구의 절반을 넘어서고 있습니다. 이들이 구매뿐만 아니라 콘텐츠와 결제 서비스까지 아마존을 중심으로 이용하는 배경에는 프라임이라는 서비스가 구매 목적을 가장 짧은 경로로 달성 가능한 경험 구조로 설계되어 있기 때문입니다.

사용자는 복잡한 배송 옵션을 비교하거나 결제 단계를 거치는 대신 필요한 순간에 즉시 목적을 달성할 수 있는 환경에 익숙해집니다. 아마존은 사용자의 상황과 맥락에 대한 분석을 바탕으로 최적의 선택지를 선제적으로 제시하며 경험을 단순화했고, 이는 곧 다른 대안을 탐색할 필요가 없는 강력한 이용 패턴으로 이어졌습니다.

삼성과 구글은 경험을 폐쇄적으로 통제하기보다 다양한 기기와 서비스가 공존하는 환경에서 흐름을 설계하는 전략을 선택했습니다. 삼성이 스마트폰과 가전 그리고 TV와 웨어러블 기기들이 일상 속에서 맡는 역할을 기준으로 경험 구조를 재정렬해 왔다면, 구글은 개별 서비스의 완성도를 넘어 사용자의 맥락을 중심으로 여러 서비스가 함께 작동하도록 그것을 설계했습니다. 이들은 기능을 하나로 묶기보다 사용자의 상황과 다음 행동을 기준으로 전환이 자연스럽게 이어지도록 구조를 조정해왔다는 공통점을 지닙니다.

금융 산업에서도 경험 중심 전략의 차이는 성과로 직결되었습니다. 기존 금융 앱들이 여전히 메뉴 중심의 설계를 유지하며 기능을 확장하는 데 집중할 때, 카카오뱅크와 토스 같은 신규 인터넷 금융회사들은 금융이라는 목적을 이루는 과정을 기준으로 앱의 구조를 혁신했습니다. 단순히 화면이 예뻐진 데 그치지 않고 계좌 관리와 투자 그리고 지출 분석과 결제 기능이 하나의 흐름으로 자연스럽게 이어지도록 구성한 것입니다. 이러한 경험 구조의 변화는 사용자가 기존 금융권 앱의 불편함을 깨닫고 이동하게 만드는 결정적인 계기가 되었으며, 복잡한 영역일수록 흐름을 단순화하는 경험 설계가 얼마나 중요한지를 보여줍니다.

CJ 역시 경험 중심 전략이 기업의 확장 방식에 어떤 변화를 가져올 수 있는지를 보여준 사례입니다. 콘텐츠와 식품 그리고 유통과 물류 등 서로 다른 산업군을 보유한 CJ는, 사용자가 브랜드를 산업별로 구분하지 않고 하나의 생활 경험으로 인식한다는 점에 주목했습니다. 영화를 보고 음식을 주문하며 화장품을 구매하고 배송을 기다리는 일련의 과정을 고객의 라이프스타일 흐름으로 바라보기 시작한 것입니다. 이러한 인식은 개별 사업의 기능을 확장하는 수준을 넘어 여러 사업을 하나의 경험으로 연결하는 방법을 고민하는 전략적 기반으로 작동하며 브랜드 가치를 높이는 결과를 낳았습니다.

모빌리티 산업에서도 경험 중심 구조는 사업의 성패를 가르는 핵심 요소로 작용했습니다. 단순히 여러 기능을 하나의 앱에 모으는 전략을 취한 기업들은 기능이 늘어날수록 사용자의 선택 피로도가 누적되는 문제에 직면했습니다. 반면 이동이라는 목적을 중심에 두고 먼저 출발부터 도착까지 사용자가 내리는 결정의 순서를 관찰한 기업들은 차량 호출과 대중교통 이용 그리고 주차와 결제 단계가 하나의 흐름 안에서 끊김 없이 이어지도록 전환 구조를 설계했습니다. 이러한 접근은 기술의 통합 자체보다 목적을 기준으로 한 흐름의 설계가 사용자 평가와 장기적 사업 성장에 더 큰 영향을 미친다는 사실을 증명했습니다.

경험 경쟁의 승자 원칙: 일관성, 연속성 그리고 맥락적합성

• •

앞서 살펴본 기업들은 서로 다른 산업에 속하고 각기 다른 기술과 전략을 사용했습니다. 그러나 이들의 성과를 사용자 경험의 관점에서 다시 들여다보면 접근 방식의 차이에도 불구하고 공통점을 발견할 수 있습니다. 경험 경쟁에서 성과를 거둔 기업들은 더 많은 기능을 제공하거나 기술을 앞세우기보다, 사용자가 경험하는 흐름이 어떻게 유지되고 이어지는지를 기준으로 판단해 왔다는 점입니다.

사용자는 새로운 기능의 수보다 예측 가능한 사용 방식에 편안함을 느끼고, 화면 전환이나 기기 이동이 자연스럽게 이어질 때 신뢰를 보이며, 자신의 상황을 고려한 제안을 받을 때 비로소 경험이 좋다고 평가합니다. 기기나 서비스에 대해 만족한 사용자 반응을 종합해 보면, 경험 경쟁에서 성과를 만들어낸 기업들은 세 가지 공통된 기준 위에서 의사결정을 내려왔음을 알 수 있습니다.

첫 번째 기준은 일관성(Consistency)입니다. 일관성이란 단순히 디자인을 통일하는 것을 넘어, 사용자가 어떤 기기나 서비스를 사용하든 동일한 방식으로 이해하고 행동할 수 있는 경험 구조를 의미합니다.

애플을 예로 들면 아이폰과 아이패드 그리고 맥북과 애플워치의 화면 구성이나 입력 방식은 서로 다르지만, 사용자가 기대하는 경험의 흐름과 반응은 거의 변하지 않습니다. 알림을 확인하고 작업을 이어가고 설정을 조정하는 방식이 기기마다 크

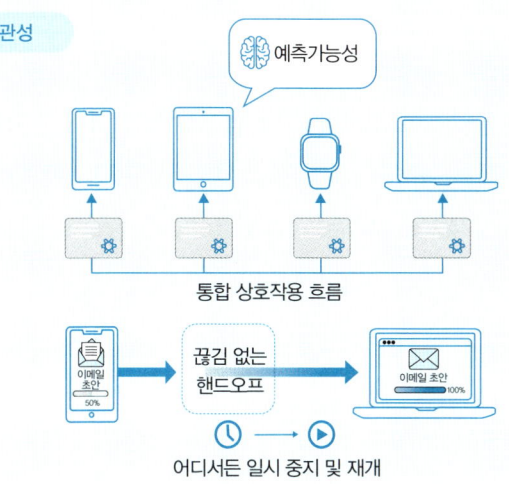

예측가능성

통합 상호작용 흐름

이메일 초안 50%

끊김 없는 핸드오프

이메일 초안 100%

어디서든 일시 중지 및 재개

연속성

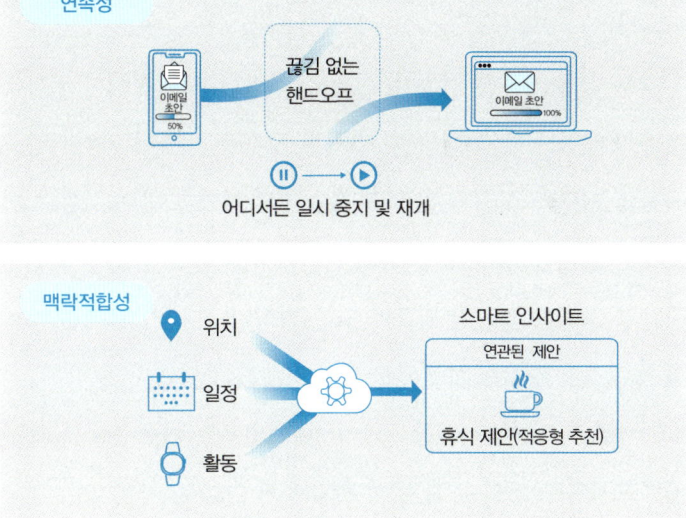

이메일 초안 50%

끊김 없는 핸드오프

이메일 초안 100%

어디서든 일시 중지 및 재개

맥락적합성

위치

일정

활동

스마트 인사이트

연관된 제안

휴식 제안(적응형 추천)

《 경험의 원칙: 일관성, 연속성, 맥락적합성 》

게 다르지 않기 때문에, 사용자는 새로운 기기를 접하더라도 작동 방식을 배워야 한다는 부담을 느끼지 않습니다.

금융 분야에서도 모바일 앱을 개편하며 계좌 조회와 투자 혹은 결제처럼 서로 다른 성격의 기능들을 하나의 일관된 화면 구조와 이동 방식에 따라 배치하고 있습니다. 그 결과 사용자는 기능의 위치를 기억하거나 메뉴 구조를 탐색하기보다 이전에 사용하던 방식 그대로 다음 행동을 이어갈 수 있게 되었습니다. 기능과 서비스가 많아질수록 일관성은 더욱 중요한 기준이 되며, 사용자는 기술이 강력하다는 사실보다 다음에 무엇이 나올지를 예측할 수 있는 경험에서 더 큰 안정감과 편안함을 느낍니다.

두 번째 기준은 연속성(Continuity)입니다. 연속성이란 사용자가 어떤 활동을 하다가 기기나 장소 혹은 상황이 바뀌더라도 이전의 맥락이 끊기지 않고 전환된 지점에서 그대로 경험이 이어지는 상태를 의미합니다. 다시 말해 사용자가 어디까지 했는지를 기억하고 복원할 필요가 없는 경험입니다. 이 원칙은 기기와 서비스가 늘어난 환경에서 특히 강조되고 있습니다.

애플의 기기 간 연동 기능인 핸드오프는 아이폰에서 보던 웹페이지가 별도의 조작 없이 맥북에서 그대로 이어지고, 맥북에서 작성하던 메모를 아이폰으로 이어서 수정할 수 있다는 점에서 연속성을 잘 보여줍니다. 사용자는 기기를 바꿔서 작업을 한다는 느낌보다 같은 기기에서 작업을 계속하고 있다는 감각을 유지하게 됩니다.

아마존 역시 사용자가 스마트폰에서 탐색하던 상품이 TV의 파이어 스틱에서도 같은 맥락으로 이어지고, 알렉사에게 구매를 요청하면 직전에 살펴본 맥락을 반영해 주문을 제안하는 방식으로 연속성을 경험 설계의 핵심으로 활용해 왔습니다.

넷플릭스의 시청 경험도 사용자가 어느 기기에서든 이전에 멈춘 지점부터 시청을 이어갈 수 있도록 설계되어 있습니다. 이처럼 사용자는 다양한 기능보다 자신이 무엇을 했는지를 기억하지 않아도 되는 경험에 더 큰 편리함을 느끼면서, 연속성은 경험을 하나의 흐름으로 인식하게 만드는 핵심 요소가 되고 있습니다.

세 번째 기준은 맥락적합성(Contextuality) 입니다. 맥락적합성은 기술이 사용자의 상태와 환경을 얼마나 잘 이해하고 그에 맞는 선택과 제안을 적절한 시점에 제공할 수 있는가를 의미합니다. 즉 사용자가 해석하고 판단해야 할 부분을 기술이 대신하여 경험이 끊기지 않고 자연스럽게 이어진다고 인식하게 만드는 것입니다.

구글 지도는 사용자의 위치와 일정 그리고 이동 패턴을 종합해 현재 상황에 적합한 경로와 출발 시점을 제안함으로써 사용자가 정보를 해석하고 판단하는 수고를 덜어줍니다. 삼성헬스 역시 사용자의 수면 상태와 운동 기록 그리고 스트레스 지표를 종합하여 그날의 활동 목표를 조정하거나 휴식을 권하는 방식으로 적절한 행동을 제안합니다.

사용자는 수치를 분석하기보다 자신에게 필요한 방향을 제안받는 위치에 놓이게 되며, 선택의 부담이 줄어들고 경험이 자연스럽게 이어지는 흐름으로 인식하게 됩니다. 이처럼 사용자는 기능의 수가 많은 것보다, 자신의 상황에 맞는 제안을 적절한 시점에 받을 때 비로소 도움을 받았다고 느낍니다.

흥미로운 점은 일관성, 연속성, 맥락적합성의 세 가지 기준이 어떤 기업도 공식적인 전략 용어로 선언한 적이 없는, 일종의 공통된 원칙이라는 사실입니다. 세 가지 기준은 개별적으로 작동하는 독립적인 요소가 아닙니다. 일관성이 확보되지 않으면 경험이 예측 가능하지 않으며, 그 결과 연속성도 체감하기 어렵습니다. 연속성이 끊기면 사용자의 이전 행동과 현재 상황이 연결되지 않아 맥락적합성이 있는 제안 역시 불가능해집니다.

결국 이 세 가지 기준은 경험을 하나의 흐름으로 연결하기 위해 서로의 힘이 필요한 관계 구조를 지녔다고 볼 수 있습니다. 경험 경쟁의 승자들은 이 세 가지 기준을 하나로 이해하고 생태계와 사업 구조를 정비해 온 반면, 기능 중심으로 접근하는 기업들은 사용자의 하루가 어떻게 구성되는지를 제대로 이해하지 못해 혼란을 겪고 있습니다.

경험 재설계의 출발점: 기기 간의 관계 재정의

이제 우리는 이러한 기준들이 왜 경험 경쟁의 핵심이 되었는지를 이해했습니다. 그러나 원칙은 방향을 제시할 뿐이며, 실제 경험은 언제나 기기와 서비스 그리고 AI가 어떤 구조 위에서 결합되는지를 통해 만들어집니다. 경험 중심 경쟁에서 성과를 거두기 위해서는 먼저 이 원칙들이 작동할 수 있는 구조적 기반이 마련되어야 합니다. 그렇다면 그 출발점은 어디에서 시작되어야 할까요?

기업의 영속성을 결정짓는 핵심 전략으로 사용자 경험의 가치가 부상함에 따라, 산업계 전반에서는 고객 만족도를 높이기 위한 시도가 다각도로 이루어졌습니다. 하지만 그간의 시도들을 되짚어보면, 대다수의 노력이 시각적인 인터페이스를 보기 좋게 개선하거나 조작의 편의를 위해 메뉴의 배치를 미세하게 조정하는 식의 지엽적인 수준에 그쳤습니다.

문제는 기기와 서비스가 유기적으로 맞물리지 못한 상태에서, 단편적인 사용자 환경 개선만으로는 사용자가 피부로 느끼는 본질적인 경험의 깊이를 변화시킬 수 없다는 점입니다. 즉 경험의 외피를 다듬는 방식으로는 이미 한계에 다다른 구조적 난제들을 해결할 수 없다는 깨달음이 기업들 사이에서 확산되고 있습니다. 이는 곧 더 근본적인 구조에 대한 논의로 이어지는 계기가 되었습니다.

사용자의 실제 목적은 대부분 하나의 기능이나 특정 서비스 안에서 단번에 이루어지지 않습니다. 하루라는 시간의 궤적을 따라가 보면, 사용자는 스마트폰과 노트북 그리고 태블릿과 스마트워치, 자동차 등 수많은 기기를 수시로 오가며 자신의 의도와 목적을 달성하기 위한 행동을 이어 나갑니다.

메시지를 확인하고 정보를 검색하며 콘텐츠를 소비하고 이동한 뒤 업무로 복귀하는 일련의 과정은 끊임없이 기기를 넘나들며 이루어집니다. 이 과정에서 기기 간 연결이 매끄럽지 못하다면, 사용자는 기기를 바꿀 때마다 매번 새로 시작해야 하며 바로 그 지점에서 경험의 흐름은 여지없이 끊기게 됩니다. 이러한 단절의 부담은 고스란히 경험의 피로도로 누적될 수밖에 없습니다.

이는 특정 서비스의 질이 낮거나 기능이 부족해서라기보다 사용자 행동의 연속성이 기기 간에 구조적으로 연결되지 않아서 발생하는 문제입니다. 이로 인해 단순한 화면이나 기능 단위의 개선을 넘어 사용자의 행동이 발현되고 이어지는 기기 간 구조 자체를 근본적으로 재검토해야 할 필요성이 부각되고 있습니다. 경험 재설계의 출발점이 기기 구조로 이동하게 된 배경이 바로 여기에 있습니다.

단순히 어떤 기기를 보유하고 있는가보다 그 기기들이 어떤 방식으로 상호작용을 하며 사용자의 행동 맥락을 이어주는가 하는 문제가 경험 경쟁의 승패를 결정짓는 결정적 열쇠가 된 것입니다. 결국 기기 간의 관계를 재정의하는 것은 경험이라는 성을 쌓기 위해 가장 먼저 다져야 할 물리적 토대라 할 수 있습니다.

지금까지 기술의 무게 중심이 개별 기기의 성능에서 사용자 경험으로 이동하고 있는 시장의 거대한 패러다임 전환을 살펴보았습니다. 경험 중심의 경쟁에서 승리하기 위해서는 단순히 기능을 고도화하는 것만으로는 충분하지 않으며, 사용자의 하루 전체를 관통하는 일관된 흐름을 설계해야 한다는 결론에 도달했습니다. 그렇다면 이러한 경험의 흐름은 구체적으로 어디에서부터 시작되는 것일까요? 저자들은 그 첫 번째 답을 우리를 둘러싼 가장 직접적인 물리적 환경, 즉 기기들의 구조에서 찾고자 합니다.

다음 장에서는 기기가 기하급수적으로 늘어난 환경에서 왜 경험의 흐름이 끊기기 시작했는지 그 근본적인 원인을 파악해 보겠습니다. 기기 간의 단절이 이후에 이어질 서비스 구조와 AI의 경험 조율에 구체적으로 어떤 영향을 미치는지도 심층적으로 분석할 것입니다. 이는 우리가 자동화를 넘어 오케스트레이션이라는 새로운 지평으로 나아가기 위해 반드시 거쳐야 할 첫번째 관문입니다.

❶ **기술의 풍요 속 빈곤** 기기와 서비스는 폭발적으로 늘어났지만, 이를 연결하는 경험의 설계가 부재하여 사용자의 피로도는 오히려 증가하고 있습니다.

❷ **시스템 통합자가 된 사용자** 파편화된 기능들을 연결하고 조립해야 하는 부담이 사용자에게 고스란히 전가되고 있습니다.

❸ **경험 경쟁 승자의 3원칙** 애플, 아마존 등 성공한 기업들은 일관성, 연속성, 맥락적합성을 통해 경험의 흐름을 장악했습니다.

경험의 흐름 진단하기

❶ **사용자 여정 지도 재점검** 서비스 안에서의 여정뿐 아니라, 서비스 진입 이전과 이탈 이후의 맥락까지 포함하여 지도를 확장해 보세요.

❷ **단절 구간 식별** 사용자가 앱을 전환하거나, 정보를 기억해 다시 입력해야 하는 수동 개입 구간이 어디인지 체크리스트를 만들어 차분히 점검해 보세요.

❸ **경험 경쟁 승자의 3원칙 대입** 기기가 바뀌어도 사용 방식을 예측 가능한 일관성이 있나요? 작업을 멈췄다가 다시 시작할 때 이전 상태가 유지되는 연속성이 있나요? 사용자의 현재 위치나 시간 등 상황에 맞는 제안을 하는 맥락적합성이 있나요?

2장

기기의
경계를 허무는
물리적
연결 구조

— 첫 번째 토대

오늘날 우리는 스마트 기기의 대홍수 시대를 살아가고 있습니다. 스마트폰을 필두로 스마트워치와 이어폰 같은 웨어러블 기기는 물론, 집 안의 가전과 자동차에 이르기까지 우리를 둘러싼 거의 모든 사물이 지능을 갖추고 네트워크에 연결되었습니다. 이에 따라 한 개인이 소유하고 사용하는 커넥티드 기기의 수는 폭발적으로 늘었습니다.

기술적으로만 본다면 우리는 그 어느 때보다 풍요롭고 편리한 환경에 놓여 있는 듯하지만, 정작 사용자가 경험하는 일상의 느낌은 기대와는 다릅니다. 기기가 늘어날수록 사용자가 체감하는 편리함의 총량이 비례해서 커지는 것이 아니라, 오히려 각 기기를 개별적으로 학습하고 설정하며 서로 다른 인터페이스에 적응해야 하는 역설적인 상황에 직면하게 되었습니다.

이러한 현상은 기기들이 개별적으로는 스마트할지 모르나, 전체적으로는 서로 조율되지 않은 채 독립적으로 동작하고 있기 때문에 발생합니다. 사용자는 여전히 서로 다른 앱으로 각 기기를 제어해야 하고, 기기 간의 호환성 문제를 자체적으로 해결해야 하며, 때로는 기기마다 쏟아내는 수많은 알림의 소음 속에서 주의력을 빼앗기기도 합니다. 삶을 편리하게 만들기 위해 도입한 기술들의 복잡성을 직접 관리하고 이어 붙이는 시스템 통합자 역할을 강요받게 된 것입니다. 기기는 풍요로워졌지만, 기기 간의 단절로 인해 경험의 흐름은 끊기고 있다는 것이 우리가 직면한 첫 번째 구조적 난제입니다.

이 장에서는 기기가 늘어난 환경에서 왜 우리의 경험이 이토록 쉽게 무너지고 단절되는지 그 근본 원인을 알아보겠습니다. 단순히 연결이 원활하지 않은 기술적 문제를 넘어, 기기 간의 관계를 정의하는 구조 설계의 부재가 사용자에게 어떤 실질적인 피해를 주는지 짚어볼 것입니다. 이를 해결하기 위한 물리적 토대인 다중 디바이스 경험(MDX, Multi-Device eXperience)의 개념을 정립하고 그 하위 구조들도 살펴볼 것입니다.

이제 기기들이 제각각 목소리를 내는 소음의 시대를 지나, 하나의 팀을 이루어 사용자의 목적을 향해 일사불란하게 움직이며 유기적이고 조화로운 경험을 설계하기 위한 구체적인 여정을 시작해 보겠습니다.

기기는 늘었지만 경험이 나아지지 않는 이유: 기기 연결의 구조적 문제

● ●

스마트폰의 보급 초기에는 단 한 대의 기기만으로 일상의 디지털 활동을 대부분 처리할 수 있었습니다. 전화 통화부터 사진 촬영, 메시지 전송, 웹 검색, 음악 감상에 이르기까지 거의 모든 경험이 스마트폰이라는 단일 기기에서 시작되고 마무리되었습니다.

이 시기에는 사용자 경험의 완결성이 하나의 기기 내부에 머물렀기에 기기 간의 단절이 실질적인 불편으로 드러나거나 해결해야 할 구조적인 문제로 인식되지 않았습니다. 스마트폰은 그 자체로 완결된 디지털 세계였으며, 사용자는 그 안에서 모든 것을 해결하는 데 익숙해져 있었습니다.

기술이 고도화되면서 사용자의 디지털 환경은 다양한 전문 혹은 전용 기기들로 빠르게 확장되었습니다. 스마트워치는 신체 데이터를 상시 측정하는 도구로 진화했고, 태블릿은 생산성과 학습에 특화된 환경을 제공했으며, TV와 자동차는 각각 콘텐츠 소비와 이동의 핵심적인 디지털 접점으로 부상했습니다. 이러한 기기의 분화는 사용자의 행동 반경을 하나의 기기 밖으로 넓혔습니다.

이제 우리는 매일의 운동 기록은 스마트워치에서 측정되지만 분석 결과는 스마트폰으로 확인하고, 사무실에서 태블릿으로 하던 작업은 이동 중에도 스마트폰으로 이어가고 있습니다. 길을 걸어가며 습관처럼 이어폰으로 듣던 음악은 집에 도착하면 오디오 시스템으로 이어 듣기를 기대하게 되었고, 스마트폰으로 찍은 사진은 곧바로 다른 사람들에게 보내거나 선명한 화면의 TV로 가족들과 함께 보고자 하는 욕구도 생겼습니다. 다시 말해 사용자가 체감하는 하나의 경험은 이미 여러 기기의 경계를 넘나들고 있습니다.

이처럼 다중 기기를 사용하는 환경에서 사용자 경험이 자연스럽게 이어지지 않는 가장 근본적인 원인은, 이 기기들이 처음부터 함께 쓰이는 존재로 설계되지 않았기 때문입니다. 우리가 사용하는 스마트폰·노트북·스마트워치·TV·오디오·자동차는 사용자의 하루 안에서 하나의 유기적인 목적 달성을 위해 동시다발적으로 사용되지만, 각 제품의 기획 단계에서는 여전히 독립된 제품으로서의 완결성 향상만을 추구해 왔습니다.

각 제품의 기획자들은 사용자가 스마트폰을 사용할 때는 스마트폰에만, 자동차에 타면 오직 자동차 인터페이스에만 집중할 것이라고 가정하며 기기를 설계했습니다. 각 기기의 기능 범위 내에서만 경험의 완결을 추구하다 보니, 사용자가 하나의 의도를 가지고 여러 기기를 넘나들며 목적을 달성하려는 실제 행동 양식과 기기가 전제한 사용 방식 사이에 구조적 간극이 발생하게 된 것입니다.

예를 들어 사용자가 스마트폰으로 사진을 찍은 뒤 이를 TV 화면으로 가족들과 함께 감상하려 합니다. 사용자의 머릿속에서 사진 촬영과 감상은 하나의 연속된 행위이지만, 현실에서는 기기들이 서로를 전제하지 않았기에 여러 단계의 단절을 경험하게 됩니다. 사용자는 TV의 메뉴를 한참 탐색하여 외부 입력이나 연결 앱을 실행해야 하고, 스마트폰에서는 공유나 미러링 설정을 따로 켜서 두 기기를 수동으로 연결하는 번거로운 과정을 거쳐야 합니다.

만약 이 기기들이 처음부터 함께 작동하도록 설계되었다면, 스마트폰을 들고 근처에 가기만 해도 TV는 사용자의 촬영 맥락을 인지하고 사진 감상 모드를 스스로 제안했을 것입니다. 음악 경험 역시 마찬가지입니다. 집 밖의 이어폰과 집 안의 오디오가 사용자의 청취 맥락을 공유하도록 설계되지 않았기에, 사용자는 현관에 들어서며 스마트폰의 음악을 끄고 다시 오디오 전원을 켜서 동일한 곡을 찾아 재생해야 하는 단절된 과정을 감내해야 합니다.

이러한 설계의 결함으로 인해 사용자는 기기를 하나 추가할 때마다 동일한 앱을 중복해서 설치하고, 기기마다 다른 로그인 방식과 보안 설정 과정을 거치며 서로 상이한 인터페이스에 새로 적응해야 하는 고된 과정을 거쳐야 합니다. 기기의 수는 기술 발전의 속도에 맞춰 기하급수적으로 늘어났으나, 이들이 만들어내는 사용자 경험은 유기적으로 연결되지 못한 채 각자의 경계 안에 고립되어 있습니다.

각 기기가 서로의 존재를 인지하지 못하며 각자도생하는 구조 속에서, 사용자는 기기 사이의 끊어진 흐름을 직접 연결해야 하는 시스템 통합자 역할을 강요받게 되었습니다. 결과적으로 기기 수의 증가는 곧 사용자가 감당해야 할 조작과 판단의 증가로 이어졌고, 기술의 풍요가 오히려 경험의 복잡도를 높이는 역설적인 상황이 초래되었습니다.

기기 간의 단절은 단순한 사용상의 사소한 불편을 넘어 고도화된 기술의 잠재력이 실제 사용자 경험의 가치로 온전히 전환되지 못하고 있음을 보여주는 심각한 구조적 문제입니다. 기기가 많아졌음에도 경험의 깊이가 떨어지는 이유는 개별 기기의 성능이 낮아서가 아니라, 이들을 처음부터 하나로 묶어주는 공통의 설계 철학이 부재하기 때문입니다.

기기들이 하나의 연합팀이 되어야 하는 이유: 기기 연합 시대로의 전환

• •

이제 우리에게 필요한 것은 더 똑똑한 개별 기기가 아니라 사용자의 목적을 중심에 두고 서로를 인지하며 일사불란하게 움직이는 기기 연합(Device Federation)으로의 구조적 전환입니다. 기술의 진화 방향은 개별 기기의 성능 발전을 넘어 여러 기기가 하나의 체계 안에서 유기적으로 협력하는 지능형 협업 구조의 시대로 이동하고 있습니다.

기기 연합이라는 개념은 네트워크 연결 그 이상의 의미를 갖습니다. 과거의 연결이 단순히 데이터를 주고받는 통로를 확보하는 수준이었다면, 이 새로운 체계에서의 연결은 서로의 상태 정보를 실시간으로 공유하고 사용자의 의도를 공통의 목표로 삼아 고차원적인 조율을 수행하는 행위를 의미합니다.

이는 마치 축구 경기에서 승리하기 위해서는 선수 개개인의 기량도 중요하지만, 서로의 위치를 파악하고 적재적소에 패스를 보내는 팀플레이가 필수적인 것과 같습니다. 현재의 기기들이 각자의 논리에 따라 작동하는 독립된 개체들의 집합이라면, 새로운 체계에서는 정교한 규약 아래 유기적으로 움직이는 통합된 경험의 구현체 연합에 가깝습니다. 이러한 기기 연합 체계가 갖춰질 때 사용자는 도구 자체를 의식하지 않고 자신의 본질적인 목적에 온전히 몰입할 수 있게 됩니다.

이러한 기기 연합은 모든 기기를 완벽히 갖추어야만 작동하는 폐쇄적 시스템이 아니라, 새로운 기기가 합류할 때마다 경험의 가치가 계단식으로 증가하는 확장적 구조를 지향해야 합니다. 사용자가 스마트폰 한 대만을 사용할 때는 모든 정보 확인과 조작이 작은 화면 안에서 자신의 직접적인 노동을 통해 이루어집니다. 하지만 여기에 스마트워치라는 새로운 기기가 연합의 일원으로 참여하는 순간, 시스템은 사용자의 신체 상태와 기상 여부라는 결정적인 맥락 정보를 획득하게 됩니다.

기기가 추가됨에 따라 사용자가 수동으로 입력해야 했던 데이터가 자동화된 맥락 정보로 전환되며, 이는 기존 기기가 제공하던 서비스의 정확도와 시의성을 비약적으로 높여주는 결과로 이어집니다.

기기 연합이 가져다주는 단계적 경험의 확장은 사용자의 목적 달성을 위한 여정을 훨씬 더 매끄럽게 연결해 줍니다. 예를 들어 스마트폰으로 길을 찾으며 이동하던 사용자가 무선 이어폰을 기기 연합에 추가한다고 가정해 보겠습니다. 기존 환경에서 이어폰은 단순히 소리를 전달하는 장치에 불과했지만, 기기 연합에서는 길 안내라는 목적 달성을 위해 새롭게 투입된 협업 주체가 됩니다.

사용자는 화면을 계속 주시하며 걷는 위험을 줄이기 위해 음성 중심의 상세한 가이드로 즉시 전환할 수 있게 됩니다. 새로운 기기가 연합에 합류하면서 경험의 종류가 시각에서 청각으로 최적화되며, 안전과 편의라는 새로운 차원의 가치가 창출되는 것입니다.

이 지능형 기기 연합 체계에서는 과거 행동 패턴과 축적된 데이터에 기반하여 사용자의 의도를 파악하는 것도 일정 부분 가능합니다. 사용자가 매일 아침 기상 직후 커피머신을 작동했던 반복된 행동 데이터가 있다면, 기기 연합 체계는 스마트워치가 기상을 감지하면 커피머신을 미리 작동시키는 등의 역할을 수행할 수 있습니다.

지능형 기기 연합 시대로의 전환은 사용자에게 인지적 자유를 선사합니다. 사용자는 더 이상 자신이 어떤 앱을 실행해야 하는지, 어떤 기기로 작업을 이어가야 하는지를 고민할 필요가 없습니다. 기술은 이제 앞에 나서서 사용자의 지시를 기다리는 도구가 아니라 뒤에서 소리 없이 일상을 지탱하는 환경으로 진화합니다. 기술의 진정한 잠재력이 발현되는 순간, 사용자는 그 존재를 잊어버리게 됩니다. 기기들의 연합이 일사불란하게 움직일 때, 사용자는 복잡한 조작의 피로에서 벗어나 자신이 진정으로 원하는 가치에 오롯이 집중할 수 있게 됩니다.

결국 기기 연합으로의 전환은 설계의 단위를 제품에서 경험의 구조로 옮기는 일입니다. 제조사는 이제 우리 제품이 얼마나 독립적으로 우수한지를 강조하기보다, 우리 제품이 사용자의 기기 연합 안에서 얼마나 유능한 파트너가 될 수 있는지를 고민해야 합니다. 기기 간의 보이지 않는 벽을 허물고 사용자의 목적을 중심으로 경험의 아키텍처를 새롭게 구축하는 것이 바로 앞으로 다룰 MDX의 본질이자 미래 경쟁력의 핵심입니다.

기기 연합 구조 설계를 위한
네 가지 경험 패턴

• •

여러 기기가 하나의 연합처럼 유기적으로 움직이기 위해서는 단순히 기술적인 연결 기능을 제공하는 것만으로는 충분하지 않습니다. 중요한 것은 기기들이 물리적으로 연결되어 있다는 사실이 아니라, 그 연결이 사용자의 일상적인 흐름 안에서 얼마나 자연스럽고 투명하게 작동하는가에 있습니다.

사용자는 기기 연합 내부에 흐르는 데이터의 이동 경로나 복잡한 연동 기술 자체를 알고 싶어 하지 않습니다. 오히려 그런 세부적인 기술 사항을 전혀 신경 쓰지 않아도 되는 상태, 즉 기기들이 사용자의 맥락을 스스로 이해하고 상황에 맞춰 자율적으로 역할을 나누어 수행하는 지능적인 경험을 기대합니다.

기기 연합이라는 개념이 피상적인 구호를 넘어 실제 사용자의 일상에서 가치 있는 경험으로 구현되기 위해서는 이를 뒷받침하는 정교한 아키텍처가 반드시 전제되어야 합니다. 단순히 블루투스로 신호를 주고받거나 동일한 와이파이 망에 접속해 있다는 사실만으로는 진정한 의미의 기기 연합이 결성되었다고 보기 어렵습니다.

기기 연합이 하나의 생명체처럼 조화롭게 작동하기 위해서는 각 기기가 서로의 존재를 명확히 인지하고, 사용자의 현재 상태를 실시간으로 공유하며, 가장 적합한 기기가 최적의 타이밍에 역할을 분담하는 구조적 기반이 구축되어야 합니다.

이러한 구조적 기반을 이해하기 위해서는 기술적 구조보다 사용자의 하루를 기준으로 기기 간의 관계를 바라볼 필요가 있습니다. 사용자의 행동이 여러 기기를 오가며 이어지는 과정을 면밀히 살펴보면, 기기 연합이 성립하기 위해 반드시 충족되어야 할 전제 조건과 그 위에서 나타나는 네 가지 다중 기기 간 경험 패턴을 발견할 수 있습니다.

모든 기기가 하나의 사용자를 공유하는 동기화

첫 번째 패턴은 모든 기기가 하나의 사용자를 공유하는 구조인 동기화(Synchronization)입니다. 동기화는 여러 기기가 하나의 연합으로 동작하기 위한 가장 기본적이면서도 필수적인 전제 조건입니다. 사용자가 어떤 기기를 사용하든 시스템이 그를 동일한 인격체로 인식하고, 이전 행동의 상태와 맥락이 모든 기기에서 일관되게 유지되는 구조가 갖춰져야 합니다. 사용자는 문서를 편집하거나 콘텐츠를 소비할 때 혹은 금융 정보를 확인할 때 더 이상 어느 기기에서 마지막으로 작업을 멈췄는지를 기억하고 싶어 하지 않습니다.

동기화가 안정적으로 작동하는 환경에서는 기기를 바꾸는 행위가 작업의 중단이 아니라 공간의 이동이 됩니다. 반대로 이 기반이 흔들리면 경험은 즉시 특정 기기 안에 고립되며, 사용자는 자유롭게 기기를 넘나들 수 없게 됩니다. 단 한 번의 상태 불일치만으로도 플랫폼 전체에 대한 신뢰가 무너지는 이유가 여기에 있습니다.

이러한 차이는 금융 서비스에서 특히 극명하게 드러납니다. 계좌 내역이나 카드 사용 기록 그리고 자산 현황은 스마트폰과 태블릿은 물론 웹 어디에서나 지연 없이 동일하게 유지되어야 합니다. 그러나 여전히 일부 금융 서비스는 모바일에서 확인한 최신 내역이 웹에는 늦게 반영되거나, 특정 기기용 앱에서 일부 기능이 누락되기도 합니다. 이런 환경에서는 사용자가 여러 기기를 유기적으로 활용하는 것이 사실상 불가능합니다.

반면 네이버페이나 카카오페이처럼 접점이 달라져도 데이터가 일치하는 서비스에서는 사용자가 어떤 기기를 쓰든 자신이 한 사람으로 인식되고 있다는 강력한 확신을 갖게 됩니다.

커머스 분야 역시 마찬가지입니다. 아마존이나 쿠팡처럼 장바구니와 배송 정보가 모든 기기에서 실시간 공유되는 플랫폼은 사용자의 구매 흐름을 방해하지 않습니다. 반면 모바일에서 담아둔 상품이 PC 웹에서는 보이지 않는 경험이 반복되면, 사용자는 구매 행동을 다시 시작해야 하는 부담을 느끼게 되고 플랫폼을 불신하게 됩니다.

애플은 아이클라우드를 통해 사진과 문서를 넘어 앱의 상태와 메시지 작성 상태까지 기기 간에 동일하게 유지함으로써 동기화를 하나의 사용자라는 개념으로 완성했습니다. 동기화의 범위가 단순한 데이터 공유를 넘어 사용자가 어디까지 실행했는가 하는 상태까지 포함하여, 사용자는 기기나 앱을 바꿔도 작업의 맥락이 끊겼다고 느끼지 않습니다.

구글 역시 하나의 계정을 중심으로 검색 기록과 위치 이력 그리고 메일과 시청 히스토리 등을 실시간 공유하여, 사용자가 어떤 기기에서 접속하든 서비스가 최근 상황을 이해한 상태로 반응합니다.

삼성은 스마트싱스를 중심으로 기기 목록뿐만 아니라 기기의 상태로 동기화 범위를 확장하고 있습니다. 스마트폰, TV, 가전, 센서가 집이라는 단위 안에서 상태를 공유하도록 설계되어, 사용자는 어떤 기기를 접하더라도 동일한 환경과 맥락을 경험할 수 있습니다. 이는 기기 수가 많은 환경일수록 동기화가 왜 더 중요한 요건이 되는지를 잘 보여줍니다.

더 잘할 수 있는 기기로 역할을 넘기는 전환

두 번째 패턴은 더 잘할 수 있는 기기로 역할을 넘기는 전환(Extension)입니다. 전환은 동기화가 전제되어야 비로소 작동하는 경험 패턴입니다. 동기화가 "모든 기기가 동일한 나를 공유하는가"에 대한 답이라면, 전환은 "기기를 바꿀 때도 내가 하던 일을 이어갈 수 있는가"에 대한 답입니다. 전환은 기기 간 데이터가 일치한다는 사실을 넘어 사용자가 구체적으로 어느 지점까지 작업을 수행했고, 어떤 맥락에서 행동을 멈췄는지를 시스템이 정교하게 기억하는 것입니다.

전환이 잘 설계된 경험에서는 기기가 바뀌어도 작업이 끊겼다는 느낌이 최소화됩니다. 사용자는 이전 상태를 떠올리거나 설정을 다시 맞추지 않아도 기술이 자신의 행동을 자연스럽게 따라오고 있다고 느끼게 됩니다. 전환이 작동하는 순간, 기기는 단순한 도구가 아니라 하나의 환경으로 인식되기 시작합니다. 반대로 전환이 작동하지 않는 순간, 사용자는 기기를 바꿀 때마다 다시 시작해야 하고, 이는 경험의 피로로 이어집니다.

금융 서비스에서 전환의 중요성은 매우 분명하게 드러납니다. 예를 들어 스마트폰 앱으로 자금 이체를 시작했다가 인증 단계에서 더 편리한 PC로 옮겼을 때, 모든 정보를 처음부터 다시 입력해야 한다면 이는 전환의 실패입니다. 반면 기기 전환을 감지하여 이미 입력된 맥락을 유지하고 다음 단계만 수행하도록 안내한다면, 사용자는 이 서비스 환경을 하나의 연속된 공간으로 인식하게 될 수 있습니다. 이 차이는 단순한 편의성의 문제가 아니라, 사용자가 이 서비스를 계속 쓸 수 있는 환경으로 인식하느냐를 가르는 기준이 됩니다.

커머스에서도 전환은 구매에 직접적인 영향을 미칩니다. TV에서 라이브 커머스를 보다가 스마트폰으로 결제를 이어가거나, 모바일에서 보던 상품을 PC에서 바로 이어서 보는 경험은 구매 전환율에 직접적인 영향을 미칩니다. 반대로 전환이 끊기는 순간, 사용자는 탐색과 결제를 다시 시작해야 하고, 많은 경우 그 지점에서 구매 의사가 사라집니다.

애플의 핸드오프는 전환 패턴을 가장 직관적으로 보여주는 사례입니다. 아이폰에서 메일을 작성하다가 맥북에서 열면 쓰다 만 문장을 바로 이어서 작성할 수 있고, 사파리에서 보던 웹페이지 역시 다른 기기에서 즉시 이어집니다. 아이폰에서 설정한 애플 지도 내비게이션 경로가 자동차에 탑승하는 순간 카플레이(CarPlay)로 자동 전환되는 경험 역시, 사용자가 기기를 바꿨다는 사실을 거의 인지하지 못하게 만듭니다.

구글 지도 또한 스마트폰에서 검색한 목적지를 자동차의 안드로이드 오토(Android Auto) 환경에서 경로 후보로 제시하여,

사용자는 목적지를 다시 설정하거나 조작할 필요 없이 경험을 이어갈 수 있습니다. 이는 전환이 단순한 복원을 넘어 맥락을 이해한 연속 동작으로 작동해야 함을 잘 보여줍니다.

마이크로소프트는 원드라이브-오피스-코파일럿 조합을 통해 전환을 생산성 환경 전반으로 확장하고 있습니다. 문서 상태는 항상 동기화되어 있고, PC·태블릿·웹 간 전환 시에도 작업 맥락이 유지됩니다. 특히 코파일럿은 사용자가 개별 기기에서 하던 작업의 의도를 이어받아 다음 단계를 제안함으로써, 전환을 맥락 유지 기반의 자동화 수준으로 끌어올리고 있습니다.

삼성 역시 최근 갤럭시 스마트폰과 윈도우즈 PC 간 브라우저 연동, 앱 전환 기능 등을 통해 사용자 경험을 강화하려는 시도를 이어가고 있습니다. 아직 생태계 전반에서 일관되게 작동한다고 보기는 어렵지만, 기기 간 전환이 사용자 경험의 핵심 요소라는 점을 명확히 인식하고 있음에 분명합니다.

상황에 따라 최적의 기기로 중심을 옮기는 확장

세 번째 패턴은 상황에 따라 최적의 기기로 중심을 옮기는 확장(Transition)입니다. 확장은 앞서 설명한 전환과 유사해 보이지만, 그 성격이 확연히 다릅니다. 전환이 하던 일을 끊김 없이 이어가는 경험에 집중한다면, 확장은 동일한 목적을 더 잘 수행할 수 있는 기기로 경험의 무게 중심을 재배치하는 일입니다.

사용자가 달성하고자 하는 최종 목적은 하루 종일 유지되지만, 그 목적을 수행하는 물리적 공간과 주변 여건은 끊임없이 변화합니다. 예를 들어 보고서 작성이라는 목적을 가진 사용자라면, 오전에는 지하철의 좁은 틈에서 스마트폰으로 자료를 훑어봐야 하지만, 오후에는 사무실 책상에 앉아 넓은 모니터와 키보드를 사용할 수 있는 환경으로 옮겨갑니다. 이처럼 사용자가 처한 환경이 제약이 많은 곳에서 여유로운 곳으로 바뀔 때, 기술은 사용자가 굳이 명령하지 않아도 환경에 가장 적합한 기기로 경험의 판을 바꿔주어야 합니다. 이것이 바로 기기 연합이 보여주는 확장 패턴의 핵심입니다.

동기화가 하나의 사용자를 만들고, 전환이 하던 일을 끊김 없이 이어주는 경험이라면, 확장은 상황에 맞춰 최적의 성능을 발휘할 수 있는 기기에 주도권을 넘기는 일입니다. 즉 사용자가 기기를 수동으로 선택하지 않아도, 시스템이 상황의 변화를 감지하여 기기의 역할을 실시간으로 재구성하는 경험입니다. 이는 기기들이 단순히 연결된 상태를 넘어 각자의 하드웨어적 강점을 바탕으로 역할을 분담하는 성숙한 단계에 들어섰음을 의미합니다. 여러 기기가 하나의 연합 체계로 작동하기 위해 반드시 필요한 패턴이며, 경험이 성숙 단계로 들어섰다는 신호이기도 합니다.

이러한 확장 패턴은 다양한 산업 분야에서 사용자 만족도를 결정짓는 핵심 요소로 작동합니다. 미디어 서비스의 경우 스마트폰의 작은 화면으로 탐색하던 영상 콘텐츠가 거실 TV라는 광활한 디스플레이로 확장되는 경험이 대표적입니다. 사용자는 단순히 영상을 이어서 본다고 느끼는 데 그치지 않고, 기기 연합이 자신의 시청 환경을 가장 몰입감 있는 상태로 최적화해 주었다고 체감하게 됩니다. 이때 기기는 같은 기능을 반복하기보다 스마트폰은 정교한 리모컨이나 정보 탐색 도구로, TV는 압도적인 출력 장치로 각각의 역할을 재정의하며 사용자 경험의 가치를 증폭시킵니다.

커머스 분야에서도 확장은 중요한 구매 여정의 연결 고리가 됩니다. 이동 중에는 스마트폰의 기동성을 활용해 가볍게 상품을 훑어본 후, 집에 돌아와서 PC나 태블릿의 큰 화면을 통해 상세 정보를 꼼꼼히 비교하며 최종 결제를 완료하는 흐름이 전형적인 확장 패턴입니다. 이때 중요한 것은 사용자가 기기를 바꾸는 과정에서 스트레스를 느끼지 않도록, 상품 탐색의 맥락이 더 안정적이고 정교한 판단이 가능한 기기로 자연스럽게 전이되어야 한다는 점입니다.

애플 생태계는 이러한 확장 패턴을 일상적인 감각으로 구현해 냈습니다. 아이폰에서 찍은 사진이 아이패드의 넓은 캔버스에서 더 정밀하게 편집되고, 아이패드가 보조 모니터로 활용되어 맥북의 작업을 확장하는 사이드카(Sidecar) 기능은 기기를 추가할수록 사용자의 능력이 확장된다는 강력한 메시지를 전달합니다.

삼성 역시 스마트폰에서 시작한 운동 기록이 TV 화면의 대형 대시보드와 실시간 코칭 영상으로 확장되는 경험을 통해, 기기 연합이 어떻게 사용자의 목적 달성을 더 효과적으로 지원할 수 있는지를 보여주고 있습니다.

확장이 제대로 설계된 환경에서 사용자는 더 이상 기능을 찾기 위해 메뉴를 뒤지지 않습니다. 시스템이 먼저 사용자의 목적을 가장 잘 수행할 수 있는 기기를 제안하거나, 자연스럽게 경험의 장을 넓혀주기 때문입니다. 반대로 확장이 고려되지 않은 환경에서는 모든 기기가 천편일률적인 기능을 중복해서 제공하게 되고, 사용자는 매 순간 어떤 기기를 써야 할지를 판단하고 선택해야 하는 피로에 노출됩니다.

결국 확장은 기기 연합이 단순한 연결체(Connectivity)를 넘어 지능형 협업체(Cooperatives)로 진화했음을 증명하는 신호이며, 사용자가 기술의 제약에서 벗어나 가장 쾌적한 상태에서 자신의 의도를 실현하게 만드는 핵심적인 도구입니다.

고차원적인 협업 양식인 보완

네 번째 패턴은 보완(Complementation)으로, 앞서 설명한 전환이나 확장과는 근본적으로 궤를 달리하는 고차원적인 협업 양식입니다. 전환과 확장이 기기 간 주도권을 주고받는 '순차적인' 방식이라면, 보완은 여러 기기가 동시에 가동되며 하나의 목적을 실시간으로 함께 완성해 나가는 '병렬적인' 경험입니다. 이는 기기들이 번갈아 등장하며 역할을 교대하는 것이 아니라, 각자의 고유한 영역을 유지한 채 유기적으로 결합하여 하나의 통합된 시스템처럼 동시에 작동하는 상태를 의미합니다.

전환이 "기기를 바꿔도 작업의 흐름이 끊기지 않는 경험"이고, 확장이 "더 잘할 수 있는 기기로 중심을 옮기는 경험"이라면, 보완은 "기기들이 동시에 작동하며 서로 협력하여 개별 기기로는 불가능하던 것을 완성하는 경험"이라고 볼 수 있습니다.

보완이 구현되는 순간, 사용자는 더 이상 특정 기기를 주된 기기로 인식하지 않게 됩니다. 대신 자신을 둘러싼 여러 기기의 집합이 하나의 지능형 환경처럼 느낍니다. 각 기기는 서로의 부족함을 실시간으로 메워주는 상호 보완적 존재로 기능합니다. 사용자는 어떤 기기가 어떤 연산을 담당하고 어떤 데이터를 처리하는지를 의식할 필요 없이, 자신의 목적에 온전히 몰입하게 됩니다.

대표적인 사례로 스마트워치와 스마트폰 그리고 스마트 TV가 결합한 홈 트레이닝 환경을 들 수 있습니다. 운동이 시작되면 스마트워치는 사용자의 심박수와 활동량을 정밀하게 측정하고, 스마트폰은 이 데이터를 수신하여 실시간으로 분석하며, 스마트TV는 대형 화면에 운동 영상과 함께 스마트워치의 생체 신호를 대시보드 형태로 출력합니다. 이때 어느 한 기기가 주인공이 되기보다, 세 대의 기기가 동시에 작동하며 '최적의 운동 경험'이라는 하나의 결과를 만들어냅니다. 사용자는 스마트워치를 조작하거나 TV 설정을 맞추는 수고 없이, 기기 연합이 만들어낸 거대한 코칭 시스템 안에서 운동에만 집중하게 됩니다.

애플은 워치, 아이폰, 에어팟 그리고 카플레이가 결합하는 순간에 이러한 보완 패턴의 정수를 보여줍니다. 사용자가 운전 중 전화를 받으면 애플워치는 발신자 정보를 띄우고, 에어팟은 최적의 음성 통화 환경을 조성하며, 카플레이는 주행 흐름을 방해하지 않도록 화면 구성을 재배치합니다.

차량 환경에서의 보완 패턴 역시 그 중요성이 날로 커지고 있습니다. 스마트폰은 사용자의 개인화된 일정과 선호도라는 맥락을 관리하고, 차량 디스플레이는 주행에 최적화된 시각 정보를 제공하며, 음성 인터페이스는 운전자의 입력 창구가 됩니다. 차량의 각종 센서는 실시간 주행 데이터를 제공하여 이 모든 정보가 하나의 안전하고 쾌적한 이동 경험으로 수렴되도록 돕습니다. 경험은 특정 기기에서 시작되고 끝나는 것이 아니라, 연합된 기기들이 동시다발적으로 협력하는 하나의 입체적인 환경에서 실현됩니다.

삼성 역시 스마트홈 전략을 통해 보완 패턴의 지평을 넓히고 있습니다. 사용자가 귀가하면 스마트폰의 위치 정보를 바탕으로 집 안의 조명과 공조 시스템이 반응하고, TV는 사용자의 현재 기분에 맞는 콘텐츠를 제안하며, 냉장고의 스마트 스크린은 저녁 식사 준비를 돕는 인터페이스로 변모합니다. 각 기기는 독립적인 기능을 수행하지만, 사용자가 체감하는 경험은 결코 분리되지 않은 하나의 흐름으로 묶입니다.

보완 패턴이 제대로 설계되지 않은 환경에서는 기기의 수가 많아질수록 사용자의 피로도는 기하급수적으로 증가합니다. 동일한 알림이 모든 기기에서 중복해서 울리거나, 사용자가 각 기기를 일일이 조율하고 지휘해야 하기 때문입니다. 이는 기기들이 연합 체계를 이루지 못한 채 개별 도구로 남아 있다는 방증입니다. 반면 보완 패턴이 정교하게 설계된 환경에서 사용자는 지휘자가 아닌 관찰자가 됩니다. 경험의 모든 과정은 기술의 등 뒤에서 자동으로 조율되고, 사용자는 복잡한 조작의 굴레에서 벗어나 진정한 자유를 누리게 됩니다.

결국 보완은 기기 연합 전략이 도달할 수 있는 가장 성숙한 단계입니다. 동기화가 연합의 자격을 부여하고 전환과 확장이 역할 분담의 효율을 만든다면, 보완은 기기들이 동시에 작동하며 일상 그 자체를 연출해 냅니다. 이 네 가지 패턴이 완벽하게 맞물려 작동할 때, 기기들은 더 이상 개별적으로 동작하는 금속 덩어리가 아니라 사용자의 의도를 실현해 주는 든든한 동반자가 됩니다.

성공하는 산업은 네 가지 경험 설계 패턴을 따른다

산업의 영역과 제품의 기능은 제각각 달라도, 시장에서 성공하는 기기 간 경험에는 항상 이 네 가지 패턴이 공통되게 흐르고 있습니다. 사용자는 기기가 어떤 기술을 사용하는지보다, 자신의 목적을 이루는 과정에서 기기 연합이 얼마나 자연스럽게 역할을 나누고 맥락을 이어주는지를 기준으로 기술의 가치를 평가합니다. 이런 관점에서 보면 동기화, 전환, 확장, 보완은 사용자가 기기 간 경험에서 본능적으로 갈구하는 작동 방식 그 자체라고 할 수 있습니다.

지금까지는 사용자가 이 파편화된 경험의 조각들을 스스로 조립해야 했습니다. 기기마다 앱을 열고 설정을 맞추며 끊어진 흐름을 직접 이어 붙이는 고단한 과정을 감내해 왔습니다. 그

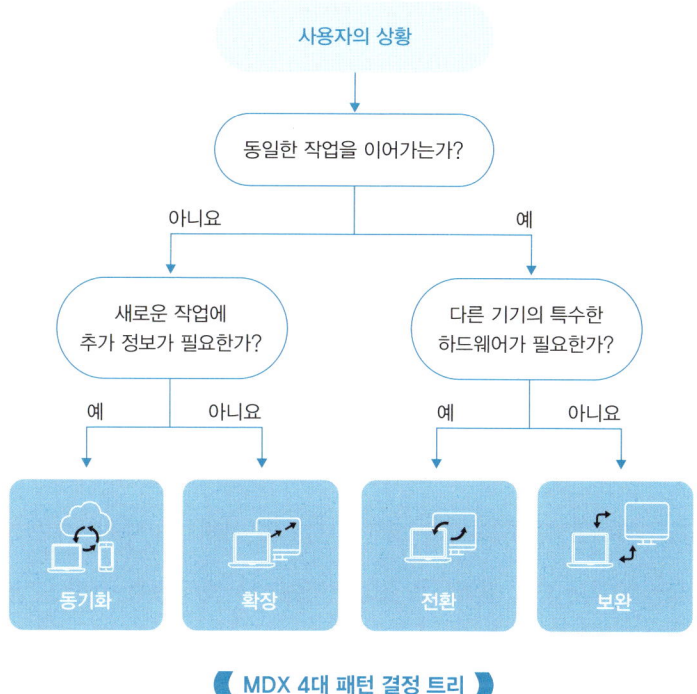

《 MDX 4대 패턴 결정 트리 》

러나 기기 종류가 폭발적으로 늘어난 지금, 사용자는 더 이상 이 조립의 책임을 자신의 몫으로 받아들이지 않습니다. 이제는 기기들이 스스로 조율되어 일관된 패턴의 경험을 선사해 주기를 기대합니다. 우리가 이 네 가지 패턴을 기준으로 경험을 재설계해야 하는 이유가 바로 여기에 있습니다.

경험 패턴의 구현 과정에서도 어떤 요소를 어떤 순서로 적용할 것인지가 정리되면서, 반복되는 설계를 줄이고 안정성을 높일 수 있습니다. 예컨대 기기 연결을 위한 통신 방식, 두 기기가 의도된 관계인지를 확인하는 승인 절차, 동일 사용자 여부를 체크하는 계정 확인, 상황에 따라 달라져야 하는 보안 수준 같은 요소들은 기능마다 매번 새로 정의하기보다 패턴별 표준 규칙으로 재사용할 수 있습니다.

기준이 정리되면 문서 이동과 사진 전송처럼 서로 다른 작업도 사용자에게는 같은 감각의 전환 경험으로 구현될 수 있고, 기기마다 각기 다른 방식으로 동작해 사용자를 혼란스럽게 만드는 문제도 줄어듭니다. 결과적으로 네 가지 패턴을 중심으로 경험을 분류하고 설계하는 접근은 일관성, 재사용성, 보안 안정성, 개발 효율을 함께 끌어올리는 실무적 기준이 됩니다.

기기 연합을 만든 기업과
그렇지 못한 기업의 운명

• •

스마트폰, 스마트워치, 태블릿, 스마트TV를 넘어 각종 가

전에 이르기까지, 현재 대부분의 글로벌 IT 기업은 하드웨어 라인업과 연결 기술 면에서 거의 대등한 수준에 도달해 있습니다. 그럼에도 불구하고 실제 사용자가 체감하는 가치에서 큰 차이가 발생하는 근본적인 이유는 기기를 얼마나 많이 보유했는가가 아니라, 그 기기들이 하나의 연합으로서 유기적으로 설계되었는가에 있습니다.

기기 연합을 성공적으로 구축한 기업들은 사용자의 하루라는 시간적 흐름을 기준으로 기기별 역할을 정의하고, 동기화·전환·확장·보완이라는 경험 패턴을 설계 전반에 일관되게 투영해 왔습니다. 반면 그렇지 못한 기업들은 여전히 각 기기를 독립적인 수익 모델을 가진 개별 제품으로만 관리해 왔으며, 그 결과 기기의 수가 늘어날수록 사용자가 감당해야 할 경험의 복잡도는 가중되었습니다.

기기 연합이 작동하는 경우:
경험 흐름이 사용자에게 귀속되는 구조

애플은 기기 연합의 개념을 가장 정교하고 일관되게 구현한 대표적인 기업입니다. 아이폰, 아이패드, 맥북, 애플워치, 애플TV는 하드웨어적 형태와 사용 맥락이 명확히 구분되어 있음에도 불구하고, 사용자의 상태 정보와 작업의 흐름은 하나의 계정 안에서 통합되어 유지됩니다. 사진·문서·메시지 등의 데이터는 물론, 앱의 실행 상태와 같은 세밀한 맥락 정보가 상시 동기화되어 기기를 전환하더라도 사용자의 작업 흐름은 단절되지 않습니다.

사용자는 특정 기기를 사용하고 있다는 물리적 자각보다, 자신이 하던 일을 장소에 관계없이 지속하고 있다는 감각을 유지하게 됩니다. 이러한 구조에서는 새로운 기기가 추가될수록 사용자의 경험이 분산되는 것이 아니라, 오히려 기존 경험의 가치가 증폭되는 결과로 이어집니다.

애플워치는 신체 데이터 측정과 간편 알림에 집중하고, 아이폰은 이동 중 조작의 허브가 되며, 맥북과 아이패드는 생산성을 극대화하는 확장된 환경을 제공합니다. 각 기기가 가장 적합한 역할을 수행하도록 설계되었기에, 사용자는 기기의 수가 늘어날수록 더 넓은 선택지를 갖게 되며, 그에 따른 추가적인 관리상의 판단이나 조작을 요구받지 않습니다.

삼성 역시 최근 기기 연합 전략을 구조적으로 체계화하고 있는 기업입니다. 갤럭시 생태계와 스마트싱스를 중심으로 스마트폰, TV, 가전, 각종 센서들을 단순한 제품 목록이 아닌 생활 시나리오 단위로 묶기 시작했습니다. 개별 기기의 성능 향상에서 벗어나 사용자의 생활 맥락 안에서 기기들이 어떻게 협력하는지를 강조하는 방향으로 전환한 것은 분명한 구조적 진보를 의미합니다. 아직 하드웨어 제조사로서의 유산이 남아 있어 완성도에는 편차가 존재하지만, 기기들을 하나의 연합체로 묶어 사용자 경험을 재구성하려는 시도는 시장의 흐름과 일치합니다.

구글은 특정 하드웨어 제조사에 종속되지 않고, 구글 계정이라는 서비스 레이어를 통해 기기 간 장벽을 무력화한 사례입니다. 이들의 기기 연합 전략은 안드로이드 운영 체제와 크롬 브라우저를 기반으로 사용자의 행동 맥락을 실시간으로 동기화하는 데 집중합니다. 이를 통해 구글은 타 제조사의 하드웨어를 사용하는 환경에서도 그 위에서 흐르는 경험의 소유권을 확보합니다. 하드웨어의 물리적 제어권보다 데이터와 서비스 레이어를 장악함으로써, 파편화된 기기 생태계 안에서 일관된 맥락을 유지하는 전략입니다.

구글의 이 같은 전략은 강력한 플랫폼 경쟁력이 하드웨어의 제조 능력이 아닌, 기기를 넘나드는 데이터의 연결성과 범용적 접근성에서 나온다는 점을 입증합니다. 이는 기기를 직접 소유하지 않은 기업이라도 사용자의 행동 데이터 스트림을 장악한다면, 충분히 강력한 기기 연합을 주도할 수 있음을 보여줍니다.

마이크로소프트는 모바일 하드웨어의 부재를 원드라이브 중심의 소프트웨어 레이어로 극복한 사례입니다. 이들의 기기 연합 체계에서 원드라이브는 단순 저장소를 넘어, 모든 PC와 모바일 간에 사용자의 작업 맥락을 이어주는 공유 매개체 역할을 수행합니다.

사용자가 특정 기기에서 문서 편집을 종료하면, 파일의 저장 상태뿐만 아니라 마지막 커서 위치, 수정 이력 등의 메타 데이터가 실시간으로 동기화됩니다. 이후 타 기기에서 해당 앱을 실행하면, 시스템은 서버로부터 최신 상태 정보를 호출하여 별도의 탐색 없이 작업 지점을 즉시 복원합니다. 이는 기기의 종류나 운영 체제와 관계없이 업무의 상태 값을 유연하게 전이시키는 전환 경험 패턴을 실질적으로 구현한 것입니다.

화웨이는 하모니OS(Harmony OS)라는 분산형 아키텍처를 통해 기기 간 장벽을 운영 체제 커널 수준에서 제거한 사례입니다. 이들은 개별 기기가 독립적으로 구동되는 방식에서 벗어나, 연합 내 모든 기기가 하나의 운영 체제 자원을 공유하는 구조를 지향합니다. 이러한 전략은 슈퍼 디바이스(Super Device)라는 가상화 인터페이스를 통해 실현됩니다.

사용자는 직관적인 사용자 환경에서 기기들을 결합함으로써, 특정 기기의 하드웨어 자원(카메라, 마이크, 디스플레이 등)을 다른 기기가 끌어다 쓰는 자원 가상화를 경험합니다. 태블릿으로 화상 회의를 하며 스마트폰의 고성능 카메라를 웹캠으로 호출하거나, 노트북의 키보드로 태블릿을 조작하는 방식이 대표적인 예입니다. 이는 플랫폼이나 앱 레이어에서의 연결을 넘어, 운영 체제 단위의 결합을 통해 기기 간 지연 시간을 최소화하고 실행의 일관성을 확보한 기술의 정점을 보여줍니다.

화웨이의 사례는 기기 연합이 단순히 데이터를 주고받는 단계를 넘어, 하드웨어 자원 자체를 유동적으로 재구성하는 분산 컴퓨팅 단계로 진화할 수 있음을 입증합니다.

샤오미는 수많은 가전 기기가 혼재된 스마트홈 시장에서 기기 연합의 보완 경험 패턴을 대중화시킨 대표적인 사례입니다. 이들은 제조사나 기기의 종류에 관계없이 모든 기기가 '미홈(Mi Home)'이라는 단일 프로토콜 아래 상호작용을 하도록 강제했습니다. 덕분에 사용자는 선풍기, 공기청정기, 조명, 보안 카메라 등 서로 다른 기능을 가진 기기들을 하나의 유기체처럼 조율할 수 있습니다.

샤오미의 강점은 개별 기기의 고성능보다 연결의 용이성과 상호 운용성에 집중하여, 사용자가 기기를 추가할수록 집 전체의 지능이 계단식으로 상승하는 경험을 제공한다는 점에 있습니다.

기기 연합이 작동하지 않는 경우:
기기가 늘수록 사용자가 더 바빠지는 구조

반대로 기기 연합의 관점이 부재한 기업들의 경우, 기기의 수가 늘어날수록 사용자의 인지력 부하와 관리 부담이 비례해서 커지는 양상을 보입니다. 이들 기업의 스마트워치·스마트폰·스마트TV는 개별 기기로서는 우수한 기능을 수행하지만, 이 기능들이 하나의 유기적인 흐름으로 이어지도록 설계되지 않았습니다.

그 결과 사용자는 기기를 전환할 때마다 정보를 다시 검색하고, 보안 설정을 반복하며, 이전 기기에서 멈췄던 상태를 스스로 복원해야 하는 수고를 감내해야 합니다. 기술적으로는 연결이 가능하지만, 경험의 실제적인 연결은 온전히 사용자의 몫으로 남겨진 셈입니다.

이러한 문제는 특히 가전과 사물인터넷 영역에서 선명하게 드러납니다. 냉장고·세탁기·조명·스피커가 모두 네트워크에 연결된 스마트 기기로 소개되지만, 실제 사용 과정에서는 기기마다 각기 다른 앱 설치와 계정 로그인 그리고 서로 상이한 조작 방식을 요구합니다. 이는 기술적으로는 연결되어 있으나 경험적으로는 연합되지 않은 상태를 의미합니다. 사용자는 지능화된 환경의 수혜자가 되는 대신, 집 안 곳곳에 흩어진 기기들을 일일이 관리하고 설정하는 시스템 통합자의 역할을 강요받게 됩니다.

이러한 구조적 결함이 존재하는 환경에서는 새로운 제품군이 추가될수록 사용자 경험의 질이 개선되기보다 오히려 복잡성만이 가중될 뿐입니다. 기업은 제품의 라인업 확장을 통한 시장 점유율 확대를 꾀하지만, 사용자 입장에서는 관리해야 할 대상과 학습해야 할 인터페이스만 늘어날 뿐입니다. 결국 사용자는 복잡한 다중 기기 환경에 피로를 느껴 일부 기기만 제한적으로 사용하거나, 가장 익숙한 단일 기기에만 의존하게 됩니다. 기기의 물리적 확장이 경험의 질적 확장으로 이어지지 못하는 구조적 실패의 전형적인 패턴입니다.

차이를 만든 것은 기술이 아니라 구조

이 두 유형의 기업을 가르는 결정적 차이는 특정 기술의 보유 여부가 아닙니다. 실패한 기업들 역시 필요한 통신 기술과 하드웨어 제어 능력을 보유하고 있으며, 기능적 수준 또한 상향 평준화되어 있습니다. 본질적인 격차는 경험을 설계할 때 무엇을 최우선 기준으로 삼았는가에서 발생했습니다.

성공적으로 기기 연합을 구축한 기업들은 기획 단계에서부터 각 기기가 사용자의 일상 속에서 어떤 역할을 맡는가를 먼저 정의했습니다. 그리고 그 역할이 다른 기기와 어떻게 상호작용을 하고 이어져야 하는가를 구조적으로 설계했습니다. 반면 성공적으로 기기 연합을 구축하지 못한 기업들은 기기를 개별적인 성능 최적화의 대상으로만 접근했습니다. 그 결과 기기 사이의 끊어진 흐름을 메우는 고된 작업은 오직 사용자의 인내에 의존해야 했습니다.

결국 다중 기기 시대에 진정한 경쟁력을 만드는 것은 더 많은 기능의 나열이 아니라, 기기 간 관계의 조직화 정도에 달려 있습니다. 기기 확장은 기기를 연합체로 묶어내지 못한 기업에게는 복잡성의 확장이 되지만, 기기 연합을 완성한 기업에게는 사용자 경험의 확장이 됩니다.

하드웨어 소유를 넘어선 경험의 지배력

기기 연합 구축에 성공한 기업들의 사례를 종합해 보면, 한 가지 중요한 사실을 발견할 수 있습니다. 그것은 바로 수준 높은 기기 연합을 구축하기 위해 반드시 모든 하드웨어를 직접 제조하고 소유할 필요는 없다는 점입니다. 하드웨어는 경험이 발현되는 그릇에 불과할 뿐이며, 실제 경험의 질을 결정하는 핵심적인 요소는 그 그릇들 사이를 흐르는 데이터와 맥락의 소유권에 있기 때문입니다.

우리는 여기서 물리적 기기 생태계와 논리적 경험 생태계를 구분할 필요가 있습니다. 애플이나 삼성이 수직적 통합을 통해 물리적 기기들 사이의 마찰을 제거하는 전략을 취한다면, 마이크로소프트나 구글은 사용자의 계정과 클라우드 서비스를 활용해 이종(異種) 기기 간의 장벽을 무력화하는 전략을 구사합니다. 후자의 경우 사용자가 어떤 제조사의 스마트폰이나 PC를 사용하든 자사의 서비스 레이어 안에서 경험의 연속성을 확보하게 만듭니다.

결국 MDX 경쟁의 본질은 누가 더 많은 기기를 제조하고 발전시키는가가 아니라, 누가 사용자의 상태 정보를 끊김 없이 추적하고 제어하는가로 귀결됩니다. 기기를 소유하지 않은 기업이라 하더라도 사용자의 행동 맥락을 실시간으로 동기화하고, 최적의 기기에 적절한 시점을 포착하여 정보를 투사할 수 있는 아키텍처를 갖춘다면 충분히 강력한 기기 연합을 주도할 수 있습니다.

오히려 하드웨어에 종속되지 않는 접근 방식이 특정 브랜드에 갇히지 않는 범용적 연속성이라는 강력한 무기가 됩니다. 사용자가 브랜드에 관계없이 선호하는 최선의 기기들을 조합해 사용할 때, 그 사이를 흐르는 경험의 가교를 이어주는 기업이 진정한 MDX의 승자가 될 수 있습니다. 이러한 관점의 전환은 향후 경험의 조율자로 등장할 AI가 특정 기기에 귀속되지 않고 사용자의 삶 전체를 조율하게 될 미래를 예견하는 데 중요한 단초가 됩니다.

지금까지 살펴본 기기 연합의 성공과 실패의 사례들을 종합해 보면, 기기 간 경험이 사용자에게 외면을 받는 문제의 근본 원인은 결코 개별 기기의 하드웨어 성능이나 통신 기술의 완성도 부족에 있지 않습니다. 오히려 각 기기는 제 기능을 충실히 수행하고 있음에도 불구하고, 기기 연합 내에서의 역할 분담과 주도권 그리고 전환의 기준이 사전에 정의되어 있지 않다는 점이 본질적인 결함으로 드러납니다.

기기들이 개별적으로는 유능할지라도, 하나의 연합 체계를 이루어 유기적으로 작동하기 위한 아키텍처가 부재한 상태에 머물러 있기 때문입니다. 데이터라는 재료는 기기 간에 흐르고 있으나, 어떤 기기가 특정 시점에 경험을 주도하고 어느 타이밍에 다른 기기로 제어권을 이양해야 하는지에 대한 체계가 부재합니다. 결과적으로 사용자는 기술의 조력을 받는 수혜자가 아니라, 상황에 맞는 기기를 직접 선택하고 데이터의 흐름을 수동으로 조율하는 시스템 통합자의 역할을 떠맡게 됩니다.

기기 연합 구조 부재의 한계: 기기 확장에 따른 경험의 피로

• •

기기 연합 체계의 부재에 따른 경험의 구조적 단절은 가전과 사물인터넷 영역에서 특히 심각한 부작용을 낳습니다. 서로 호환되지 않는 기기들이 물리적으로는 네트워크에 연결되어 있어도 하나의 경험으로 통합되지 못할 경우, 사용자는 앱과 계정 사이를 끊임없이 오가는 수고를 감내해야 합니다. 이론적으로는 스마트홈에 거주하고 있지만, 실제로는 집 전체의 상태를 직관적으로 파악하기 어려워 개별 기기를 제어하기 위해 반복적인 조작 과정을 거쳐야 합니다. 이는 기술적으로는 연결된 상태이나, 기기들이 하나의 시스템 안에서 지능적으로 역할 분담을 이루지 못한 채 각자도생해야 함을 의미합니다.

결국 기기가 추가될수록 경험이 풍부해지는 것이 아니라 오히려 관리해야 할 지점만 늘어나는 역설에 빠지게 됩니다. 사용자는 기술이 주는 편익보다 관리에서 오는 피로감에 시달리게 되며, 가장 익숙한 단일 기기로 회귀하거나 최소한의 기능만 사용하는 소극적인 태도를 취하게 됩니다. 이는 하드웨어의 확장이 사용자 경험의 확장으로 전환되지 못했을 때 나타나는 전형적인 설계 실패의 모습입니다.

중요한 점은 이러한 구조적 결함이 특정 산업에만 국한되지 않는다는 사실입니다. 커머스, 금융 서비스, 미디어, 모빌리티를 막론하고 기기 간의 유기적 관계와 역할을 사전에 정의하지 않은 채 물리적 연결만 확장한 모든 분야에서 동일한 문제가 반복됩니다. 동기화는 지연되고, 기기 간 전환은 불연속적이며, 역할 분담 없이 기능만이 중첩될 때, 사용자 경험은 필연적으로 분절됩니다. 이 과정에서 사용자는 기술의 진보를 체감하기보다, 오히려 아날로그 방식보다 더 많은 판단과 조작을 요구받게 됩니다.

기기들이 하나의 연합처럼 작동하기 위해서는 단순히 물리적인 연결만으로는 충분하지 않습니다. 실제 사용자 경험의 질은 연결 여부 그 자체보다, 어떤 기준과 설계 원칙 위에서 연결이 구조화되었는가에 의해 결정됩니다. 기기 간 경험이 빈번하게 단절되고 사용자가 수동으로 연결을 복구해야 하는 상황이 반복된다면, 이는 기술적 한계라기보다 경험의 맥락을 고려하지 않은 구조 설계의 결함으로 보아야 합니다.

따라서 우리는 이제 기술적 구현을 넘어 근본적 질문을 던져야 합니다. 문제는 얼마나 많은 기기를 연결했는가가 아니라,

기기들이 어떤 설계 원칙과 구조 위에서 하나의 연합으로 작동하고 있는가 하는 점입니다. 성공적인 기기 연합의 구축은 우연한 기능의 조합이나 개별 기기의 완성도에 의존할 수 없습니다. 공통의 설계 철학과 명확한 역할 정의가 전제되지 않는다면, 그 어떤 기기의 추가도 사용자 경험의 진화가 아닌 복잡성의 증대로 귀결될 뿐입니다.

기기 연합 구조 설계 시 고려해야 할 필수 기술 조건들

• •

경험 중심으로 기기 구조를 재설계하려는 기업들은 기기를 추가하거나 기능을 나열하는 방식에서 벗어나, 기기들 간 관계에 대한 정의를 선행해야 합니다. 이때부터 설계의 핵심 질문은 무엇을 만들 것인가에서 어떤 구조적 토대 위에 경험을 구축할 것인가로 이동하게 됩니다.

기기 연합을 설계할 때는 연결, 기기 신뢰, 계정, 보안, 패턴 구분의 다섯 가지 구조적 조건을 반드시 고려해야 합니다.

연결(Connection):
기술적 상태를 넘어선 경험적 선택

기존의 실패 사례들은 모든 기기가 항상 연결되어야 한다는 전제를 무비판적으로 수용한 데서 시작됩니다. 무분별한 상시 연결은 시스템의 복잡성을 가중시키고 데이터의 혼선을 초래합니다. 진정한 의미의 연결은 기술적 상태가 아니라 의도된 경험의 선택이어야 합니다. 즉 사용자의 행동 맥락이 이어져야 하는 결정적인 순간에만 연결이 활성화되고, 그렇지 않은 시점에는 불필요한 간섭을 최소화하는 효율적 구조가 필요합니다. 연결은 경험을 가능하게 하는 수단이며, 그 목적과 실패 시의 보완책까지 설계에 포함될 때, 비로소 유효한 연결이라 할 수 있습니다.

기기 신뢰(Device Trust):
보안 절차를 넘어선 권한 위임의 정의

기기 인증은 단순한 보안 절차를 넘어, 연합 체계 내에서 신뢰의 전이를 선언하는 장치입니다. 사용자는 기기가 신뢰할 수 있는 내 소유물인가를 넘어, 이 기기가 나를 대신해 어디까지 행동할 수 있는가를 명확히 이해할 수 있기를 기대합니다. 기기 전환이나 확장 패턴에서 인증이 매번 반복되면 경험은 단절되고, 반대로 인증이 너무 느슨하면 신뢰 체계가 붕괴됩니다. 한 번 확보된 신뢰가 연합 내의 다른 기기로 어떻게 안전하게 승계되고 유지되는가를 구조적으로 정의하는 일이 기기 연합 유지의 핵심 요건입니다.

계정(Account):
정체성의 확장과 분리 기준

계정은 단순한 로그인 수단이 아니라, 여러 가지 경험을 하나로 묶는 원점 좌표입니다. 하지만 모든 기기를 하나의 계정으로 강제 결합하는 것이 항상 최선의 결과를 낳지는 않습니다. 개인 전용 기기, 가족 공용 기기 그리고 자동차나 호텔처럼 일시적으로 점유하는 기기에서는 서로 다른 수준의 정체성 관리가 요구됩니다. 기기 연합을 설계할 때에는 하나의 사용자라는 개념이 유지되어야 할 범위와 개인정보 보호를 위해 맥락이 분리되어야 할 지점을 명확히 구분하는 구조적 기준이 필요합니다.

보안(Security):
데이터 보호를 넘어선 경험 흐름의 안전 보장

경험 중심 설계에서 보안은 흐름을 차단하는 장벽이 아니라, 사용자의 행동을 안전하게 지탱하는 가드레일로 기능해야 합니다. 모든 단계에 획일적이고 높은 강도의 보안 정책을 적용하면, 사용자는 목적에 도달하기 전에 인지적 피로를 느끼게 됩니다. 기기의 특성과 상황의 민감도 그리고 행동의 위험도에 따라 보안 수준이 유연하게 적용되는 가변적 체계를 구축해야 합니다. 여기서 보호해야 할 본질은 개별 데이터 조각이 아니라, 사용자가 이어가고 있는 경험의 연속성 그 자체입니다.

패턴 구분(Pattern Awareness): 기기 간 관계의 역할 정의

가장 빈번한 설계 오류는 기기 간의 모든 관계를 동일하게 취급하는 것입니다. 앞서 언급한 것처럼 기기 연합 내에는 동기화, 전환, 확장, 보완이라는 네 가지 고유한 경험 패턴이 존재합니다. 이 패턴을 명확히 구분하지 않은 채 기술 스택을 선택하거나 사용자 환경을 설계하면, 경험의 불협화음이 발생합니다.

예를 들어 '전환'이 필요한 상황에 단순 '동기화' 설계만 적용하면, 사용자는 경험 흐름의 단절을 느끼게 됩니다. 각 관계의 성격에 맞는 기술적 프로토콜과 보안 정책을 매칭하는 경험 패턴 중심의 설계 역량이 요구됩니다.

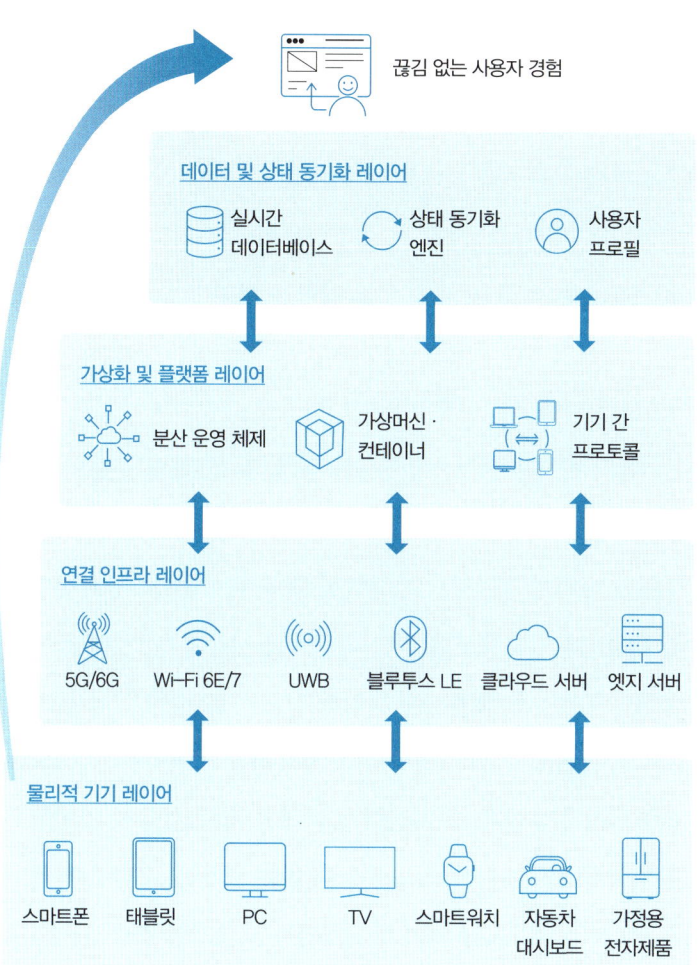

끊김 없는 사용자 경험

데이터 및 상태 동기화 레이어

실시간 데이터베이스 상태 동기화 엔진 사용자 프로필

가상화 및 플랫폼 레이어

분산 운영 체제 가상머신·컨테이너 기기 간 프로토콜

연결 인프라 레이어

5G/6G Wi-Fi 6E/7 UWB 블루투스 LE 클라우드 서버 엣지 서버

물리적 기기 레이어

스마트폰 태블릿 PC TV 스마트워치 자동차 대시보드 가정용 전자제품

《 MDX 기술 스택 》

다중 기기 경험의 구조적 토대:
MDX

다중 기기 환경에서 사용자의 행동이 끊김 없이 이어지기 위해 필요한 구조적 토대를 MDX, 즉 다중 디바이스 경험이라고 합니다. MDX는 개별 기기의 성능이나 스펙을 나열하는 개념이 아니라, 여러 기기가 어떤 역할을 나누고, 어떤 상태를 공유하며, 어떤 방식으로 하나의 시스템처럼 작동해야 하는지를 정의하는 경험의 물리적 기반입니다.

앞서 살펴본 연결, 기기 신뢰, 계정, 보안, 패턴 구분의 다섯 가지 기술적 요구 사항과 동기화, 전환, 확장, 보완의 네 가지 기기 관계 패턴이 유기적으로 결합될 때 비로소 MDX는 완성됩니다. MDX가 정교하게 설계된 환경에서 사용자는 더 이상 어느 기기에서 무엇을 했는지를 기억하거나, 다음 행동을 위해 기기를 직접 조율할 필요가 없습니다. 사용자는 기기라는 도구의 존재를 의식하지 않은 채 자신의 목적에만 집중하면, 기기 연합이 그 뒤에서 자연스럽게 역할을 이어받는 경험을 구현하게 됩니다. MDX는 사용자를 기기 관리자라는 소모적인 역할에서 해방시키는 구조적 해법입니다.

지금까지 우리는 기기 구조라는 첫 번째 토대를 살펴보았습니다. 기기 간 연결이 설계되지 않은 환경에서 경험의 연속성은 결국 인간의 기억력과 판단력이라는 불확실한 자원에 의존할 수밖에 없습니다. MDX는 이러한 불안정성을 제거하는 경험의 하부 구조로, 이 토대가 튼튼하게 구축되어야 그 위에서 서비스와 AI가 흐름을 안정적으로 조율할 수 있습니다.

3장에서는 기기 연합이라는 토대 위에서 서비스가 어떻게 사용자의 목적을 중심으로 재편되어야 하는지 그리고 AI 에이전트가 이 복잡한 흐름을 어떻게 지휘해 나가는지 그 구체적인 서비스 구조와 지능화 전략을 심층적으로 다루겠습니다.

❶ 기기 연합의 부재 기기들이 개별 제품으로만 기획되어, 서로를 인지하거나 협력하지 못하는 구조적 한계가 있습니다.

❷ 다중 기기 경험의 네 가지 패턴 기기 간 경험은 동기화, 전환, 확장, 보완의 네 가지 패턴으로 설계되어야 합니다.

❸ 물리적 소유보다 논리적 점유 하드웨어를 직접 제조하지 않더라도 데이터와 계정을 통해 경험의 주도권을 확보할 수 있습니다.

실무
적용
가이드

기기 연합 설계하기

❶ 기기 역할 정의 사용자의 하루 속에서 스마트폰, 스마트워치, PC, TV 등이 각각 어떤 역할을 맡아야 가장 효과적인지 정의해 보세요. 예를 들어 스마트워치는 알림과 측정, TV는 몰입과 확장의 역할로 구분할 수 있습니다.

❷ 연결 패턴 매핑 서비스의 주요 기능이 네 가지 경험 패턴 중 어디에 해당하는지 분류하고 적용해 보세요. 작업을 이어가야 한다면 전환 패턴을, 더 큰 화면이 필요하다면 확장 패턴을 적용합니다.

❸ 가상화 리소스 점검 주변 기기의 카메라나 마이크, 센서 같은 하드웨어를 다른 기기가 자원처럼 끌어다 쓸 수 있는 시나리오가 있는지 기획해 보세요.

3장

서비스의
단절을 메우는
논리적
융합 구조

— 두 번째 토대

오늘날 우리는 수많은 앱과 서비스의 홍수 속에서 살고 있으며, 대부분의 일상과 비즈니스를 스마트폰과 다양한 디지털 서비스로 처리합니다. 식사를 주문하고, 차량을 호출하며, 업무를 관리하고, 금융 거래를 하는 이 모든 과정은 개별 서비스 안에서는 더할 나위 없이 편리하고 신속하게 처리할 수 있도록 구현되어 있습니다. 개별 서비스의 완성도는 그 어느 때보다 높고 기술은 눈부시게 발전했지만, 역설적으로 사용자는 더 많은 서비스를 사용할수록 더 큰 인지적 피로를 느낍니다. 이는 개별 서비스가 여전히 제 기능과 화면 안에서만 경험을 완결하도록 설계되어 고립된 섬에 머물러 있기 때문입니다.

이 장에서 다루려는 본질적인 질문은 바로 여기에서 시작됩니다. "왜 서비스의 종류와 성능이 기하급수적으로 늘어났음에도 불구하고, 사용자는 여전히 자신의 일상을 직접 관리해야 하는가?" "왜 기술의 풍요가 경험의 매끄러움이 아닌 복잡도의 증가로 귀결되는가?" 이 질문에 답하기 위해 우리는 지금까지의 서비스 설계가 어떤 철학적 배경 위에서 이루어져 왔는지 그리고 그 구조가 왜 현대 사용자의 통합적인 목적 흐름과 어긋나게 되었는지를 심층적으로 분석해 보고자 합니다. 이를 통해 우리는 파편화된 서비스를 하나의 경험으로 묶어낼 새로운 서비스 아키텍처의 필요성을 확인하게 될 것입니다.

서비스는 늘었지만 경험이 나아지지 않는 이유: 서비스 중심 구조의 문제

● ●

지난 수십 년간 대부분의 서비스는 특정 문제를 얼마나 빠르고 효율적으로 해결하느냐에 모든 역량을 집중해 왔습니다. 결제는 결제 서비스가, 이동은 호출 서비스가, 예약은 예약 서비스가 각자의 영역에서 최적화되는 방식입니다.

　이러한 기능 중심 설계 구조에서는 각 서비스가 제 역할의 범주 내에서만 경험을 완결하는 것이 곧 성공의 기준이 됩니다. 기업 내부적으로는 사용자가 앱을 얼마나 자주 실행하는지, 얼마나 오래 머무는지, 얼마나 많은 기능을 사용하는지가 핵심성과지표(KPI)가 됩니다. 자연스럽게 서비스의 경계는 더욱 공고해지고, 경계 밖에서 일어나는 사용자의 전후 맥락은 고려 대상에서 밀려나게 됩니다. 각자의 성벽을 높이는 데 집중하느라 성벽 너머의 도로가 어떻게 이어지는지는 무관심해진 꼴입니다.

　이러한 접근 방식은 개별 서비스의 품질을 비약적으로 끌어올리는 데에는 매우 효과적이었습니다. 덕분에 우리는 과거와 비교할 수 없을 만큼 정교한 사용자 환경과 압도적인 처리 속도를 누리게 되었습니다. 그러나 여기서 우리는 간과해서는 안 될 중요한 사실을 마주하게 됩니다. 그것은 사용자의 실제 목적 달성이 결코 단일 서비스 안에서 끝나지 않는다는 점입니다.

　사용자는 특정 서비스의 사용이 아니라, 삶에서 마주한 어떤 목적을 달성하기 위한 도구로서 앱을 선택합니다. 예를 들어 '송금하기'라는 기능을 수행하기 위해 금융 앱을 여는 사용자에게는 점심 식사 계산을 마무리한다, 밀린 공과금을 정리한다, 다음 여행을 위해 경비를 모은다 같은 상위의 목적 흐름이 존재합니다. 이 목적들은 하나의 기능이나 서비스 안에서 완결되지 않고 여러 단계와 다양한 서비스를 가로지르며 이어집니다.

하지만 현재의 서비스 구조는 제 기능이 종료되는 지점에서 경험이 멈추고, 이후 과정은 온전히 사용자에게 떠넘기는 방식으로 발전해 왔습니다. 이 구조가 고착되면서 사용자는 여러 서비스를 오가며 단절된 경험의 흐름을 직접 이어 가야 했습니다. 한 서비스가 종결되면 다음 행동을 위해 다시 수많은 앱 목록을 탐색하고, 이전 서비스에서의 행동 결과와 맥락을 머릿속으로 재구성하며 다음 단계로 진입해야 하는 것입니다.

문제는 이전 행동의 결괏값이 다음 서비스로 자연스럽게 전달되지 않는다는 점입니다. 시스템이 작업의 맥락을 이어주지 않기에, 사용자는 매 순간 지금 이 단계에서 무엇을 해야 하는가를 스스로 판단하고 결정해야 합니다. 기술이 메워야 할 이 공백은 그동안 사용자의 인내와 노동에 의해 해소되어 왔습니다. 이는 대부분의 서비스가 목적의 연속성보다 기능의 완결성에 매몰되어 설계되었기 때문입니다. 각 서비스는 제 기능을 완벽하게 구현하는 데에는 성공했을지 모르나, 사용자가 이전 행동으로부터 어떻게 유입되고, 그 기능이 다음 행동으로 어떻게 이어지는가에 대해서는 구조적인 고민을 하지 않았습니다.

이러한 구조적 모순은 서비스의 수가 적을 때는 큰 문제로 부각되지 않았습니다. 하루에 사용하는 디지털 서비스가 몇 가지에 불과하던 시기에는 서비스 간 전환 비용이 상대적으로 낮았고, 사용자가 직접 작업의 맥락을 잇는 부담도 견딜 만한 수준이었기 때문입니다. 그러나 서비스의 수가 기하급수적으로 늘어나고 하나의 목적을 달성하기 위해 거쳐야 할 화면과 단계가 복잡해지면서, 이 전환 비용은 이제 사용자 경험의 질 향상에 있어 핵심적인 저해 요인으로 떠올랐습니다. 기능의 총량이 늘어나면서 그 기능들을 연결하는 사용자의 부담 역시 커진 것입니다.

이러한 현상은 금융, 커머스, 모빌리티, 헬스케어 등 거의 모든 산업군에서 공통적으로 관찰됩니다. 사용자는 계좌 잔액을 확인하고 송금한 뒤 지출 내역을 살피며 자산 계획을 세우지만, 이 일련의 과정은 서너 개의 앱과 수십 개의 메뉴로 쪼개져 있습니다. 상품을 탐색하고 구매한 뒤 배송을 확인하고 반품 문제를 해결하는 과정 또한 하나의 거대한 여정이지만, 실제 경험은 결제 단위, 배송 단위, 상담 단위로 분절됩니다. A 장소에서 B 장소로 이동한다는 하나의 목적을 위해 지도를 보고, 택시를 호출하고, 결제 내역을 확인하는 과정을 각각의 앱을 오가며 수행해야 하는 상황은 이제 일상이 되었습니다.

결국 서비스는 늘어났지만 매끄러운 경험의 흐름은 만들어지지 않았습니다. 이는 각 서비스가 자신의 역할에만 충실했을 뿐, 그 역할이 다른 서비스와 어떤 순서와 맥락으로 이어지는지에 대한 경험의 아키텍처가 결여되었기 때문입니다.

서비스가 많아질수록 사용자는 선택과 판단의 부담이 커지고, 기술이 고도화될수록 더 많은 결정을 내려야 하는 이 역설적인 상황은 개별 기업이나 특정 앱의 문제가 아닙니다. 서비스를 바라보는 설계의 최소 단위가 여전히 기능에 머물러 있는 구조적 한계입니다. 이제 우리의 초점은 어떻게 더 많은 기능을 제공할 것인가가 아니라, 파편화된 서비스들을 어떤 기준으로 서로 연결하고 사용자의 목적을 중심으로 조율할 것인가로 이동해야 합니다.

조직·지표·책임 단위로 분리된 구조: 서비스 중심 구조의 근본적 한계

· ·

기업 안에서도 하나의 서비스는 대개 서로 다른 팀들의 협력으로 만들어집니다. 각 팀은 자신이 맡은 기능의 성과를 책임지고, 그 성과는 활성 사용자 수나 전환율 그리고 사용 시간이나 거래 규모와 같은 개별 지표로 측정됩니다. 이러한 구조에서는 자사의 서비스가 다른 서비스와 얼마나 잘 이어지는지보다 자사의 서비스 안에서 사용자가 얼마나 오래 머무르고 얼마나 많은 행동을 하는지가 더 중요한 목표가 됩니다. 그 결과 서비스 간 연결은 우선순위에서 밀리기 쉽습니다.

이는 서비스의 완성도를 높이는 데에는 효과적이지만, 서비스 간 흐름을 연결하는 데에는 불리하게 작용합니다. 각 서비스는 스스로 완결된 세계처럼 설계되고, 다른 서비스와의 연결은 부가적인 기능이나 선택 사항으로 취급됩니다. 사용자가 다음 단계로 넘어가기 위해 어떤 서비스가 필요한지 그리고 그 전환이 얼마나 자연스러운지는 설계의 중심이 되지 못합니다.

서비스가 성장하고 규모가 커질수록 이 같은 문제는 더욱 심화됩니다. 하나의 서비스가 일정 수준의 사용자와 트래픽을 확보하면, 그 안에서 가능한 많은 활동을 흡수하려는 방향으로 진화합니다. 알림이나 추천 그리고 보상이나 콘텐츠 확장과 같은 기능은 사용자를 서비스 안에 붙잡아 두는 데에는 효과적이지만, 전체 경험의 흐름을 기준으로 보면 오히려 단절을 강화하는 요소가 됩니다. 사용자가 목적을 이루기 위해서는 서비스 밖으로 나가야 하지만, 서비스는 사용자를 그 안에 머무르도록 설계되어 있기 때문입니다.

이 과정에서 사용자의 목적은 점점 서비스의 논리에 따라 분해됩니다. 사용자는 하루를 정리한다는 목적 대신 이 앱에서 할 수 있는 일의 목록을 떠올리게 되고, 이동을 마친다는 목적 대신 지도 보기에서 호출로, 다시 결제로 이어지는 단계들을 직접 조합해야 합니다. 서비스 내부에서 목적의 흐름이 잘게 쪼개지고, 그 조각을 다시 연결하는 역할은 사용자에게 맡겨집니다.

그 결과 서비스 간 단절은 구조적으로 고착됩니다. 각 서비스는 자신의 책임 한도 내에서는 최적화되어 있지만, 서비스와 서비스 사이 공백에는 책임 주체가 존재하지 않습니다. 어느 서비스도 전체 경험 흐름의 단절을 자신의 문제로 인식하지 않기 때문에 서비스 사이 공백은 시스템적으로 채워지지 않습니다. 결과적으로 사용자는 서비스의 경계에서 반복적으로 멈추고 판단하고 선택해야 합니다.

이러한 기능 중심 사일로(Silo) 구조에서는 서비스가 많아질수록 경험이 좋아지기보다 복잡해집니다. 기능은 늘어나지만 기능과 기능 사이의 관계는 정리되지 않습니다. 서비스의 수가 늘어난다는 것은 사용자가 더 많은 선택지를 가진다는 의미이기도 하지만, 동시에 더 많은 연결을 스스로 만들어야 한다는 의미이기도 합니다. 서비스가 사용자 경험의 단위가 되는 순간, 사용자는 경험 흐름의 주체가 아니라 관리자 역할을 떠맡게 됩니다.

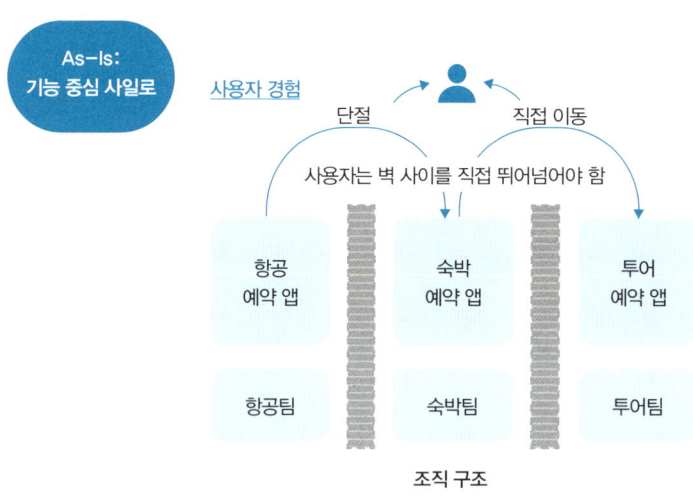

As-Is: 기능 중심 사일로

사용자 경험

단절   직접 이동

사용자는 벽 사이를 직접 뛰어넘어야 함

| 항공 예약 앱 | 숙박 예약 앱 | 투어 예약 앱 |
| 항공팀 | 숙박팀 | 투어팀 |

조직 구조

To-Be: 목적 중심 조율

사용자 목적

여행 준비
(항공+숙박+투어)

다중 서비스 융합(MSC, Multi-Service Convergence)

MSC가 개별 앱의 기능을 조율

항공팀 앱   숙박팀 앱   투어팀 앱

조직 및 기능

❰ 기능 중심 사일로 구조 vs. 목적 중심 융합 구조 ❱

이 문제를 해결하기 위해서는 서비스 하나하나를 더 잘 만드는 것만으로는 충분하지 않습니다. 서비스가 어떤 기능을 제공하는가보다 사용자의 목적 흐름 안에서 어떤 역할을 맡고 다음 서비스와 어떻게 이어져야 하는가가 먼저 정의되어야 합니다. 서비스가 독립된 섬처럼 존재하는 구조를 유지하는 한, 경험은 계속 분절될 수밖에 없습니다.

사용자가 부담하는 보이지 않는 비용: 판단과 선택이 누적되는 경험의 피로

· ·

과거에는 하나의 서비스 환경 안에서 대부분의 경험 흐름이 완결되었기 때문에, 사용자가 개입하여 판단을 내려야 할 지점이 그리 많지 않았습니다. 하지만 서비스가 고도로 분절되면서, 사용자는 목적 달성을 위해 여러 서비스 사이에서 다음 행동을 직접 기획하고 선택해야 하는 위치에 서게 되었습니다.

사용자는 개별 서비스를 이용할 때마다 이제 무엇을 해야 하는지 혹은 어디로 이동해야 하는지, 어떤 선택이 최선인지를 끊임없이 판단해야 합니다. 이때 사용자가 내리는 판단은 단순히 눈앞의 버튼 하나를 누르는 행위를 넘어, 이전의 맥락을 머릿속에서 복원하고 다음 단계를 논리적으로 추론하는 고도의 정신적 작업에 가깝게 됩니다. 이러한 판단들은 개별 서비스 안에서는 사소하게 느껴질 수 있지만, 전체 일과로 누적되면 사용자의 인지 체계에 상당한 하중을 가하는 보이지 않는 비용이 됩니다.

예를 들어 일상적인 금융 업무를 처리할 때, 사용자는 단순히 송금이라는 기능만을 수행하는 것이 아니라 어떤 앱에서 시작하는 것이 유리하고, 인증 절차는 어느 단계에서 거쳐야 하며, 최종 결과는 어디에서 확인해야 하는지를 스스로 조합해 나가야 합니다. 이동의 과정에서도 동일한 현상이 나타납니다. 목적지를 검색하고 적절한 이동 수단을 선택한 뒤, 결제를 완료하고 이동한 후에 발생하는 상황을 정리하는 과정이 하나의 서비스 흐름으로 이어지지 않으면, 사용자는 단계마다 새로운 판단을 강제로 내려야 합니다.

이러한 판단 과정은 겉보기에는 대수롭지 않게 느껴지지만, 반복되면 극심한 인지적 피로를 유발합니다. 사용자는 자신의 본래 목적을 계속 기억해야 하고, 이전 행동의 결과물을 머릿속의 임시 저장소에 둔 채로 다음 행동을 설계해야 합니다. 서비스가 이러한 맥락의 보존 역할을 대신 수행하지 않는 순간, 사용자는 여러 시스템을 조율하는 조정자로 전락하게 됩니다.

문제는 이러한 인지적 부담이 수치화되거나 명확하게 겉으로 드러나지 않는다는 점입니다. 사용자는 보통 특정 서비스가 어떤 점에서 불편하다고 명확히 지적하기보다 귀찮다거나 번거롭다, 혹은 지금은 건드리기 싫다는 식의 막연한 감정적 거부감을 표출하곤 합니다. 판단과 선택에 소요되는 보이지 않는 비용은 결국 사용자의 행동을 지연시키고 궁극적으로는 서비스로부터 이탈하게 만드는 결정적인 원인이 됩니다.

사용자는 점차 더 단순하고 명확한 선택지만을 선호하는 경향을 보입니다. 가장 익숙한 서비스 하나만을 반복해서 사용하거나, 이미 알고 있는 좁은 경로만을 고수하게 되는 것입니다. 이는 서비스 제공자 입장에서는 충성도가 높은 고객으로 보일 수 있으나, 실제로는 복잡한 경험 구조에서 도망치려는 회피 반응인 경우가 많습니다. 사용자는 새로운 기술이나 더 나은 제안을 거부하는 것이 아니라 추가적인 판단을 요구받는 상황 자체를 본능적으로 피하고 있는 것입니다.

서비스가 많아질수록 사용자의 선택권이 넓어진다는 보편적인 가정은 바로 이 지점에서 무너집니다. 선택지가 늘어날수록 사용자는 더 많은 판단을 내려야 하고, 그에 따른 피로가 임계치를 넘어서면 선택 자체를 포기하거나 최소화하려는 방향으로 움직이게 됩니다. 경험의 환경이 발달할수록 사용자는 역설적으로 더 단순하고 자동화된 흐름을 갈망하게 됩니다.

이 문제를 근본적으로 해결하기 위해서는 사용자의 개별적인 판단을 줄여주는 방향으로 경험의 아키텍처를 재구성해야 합니다. 사용자가 다음 행동을 고민하지 않아도 되도록 이전 행동의 맥락이 자연스럽게 이어져야 하며, 모든 설계는 기능 단위가 아닌 사용자의 최종 목적 단위로 이루어져야 합니다. 서비스가 끊임없이 사용자의 판단을 요구하는 구조를 고수하는 한, 디지털 경험의 복잡성은 기술의 발전과 함께 계속해서 가중될 수밖에 없습니다.

경험을 포기하는 사람들: 서비스가 늘어날수록 포기도 늘어나는 역설

● ●

서비스와 기능이 계속 늘어나면 이론적으로는 더 많은 가능성이 열리는 것처럼 보입니다. 그러나 현실에서 사용자는 새로운 기능을 탐색하거나 혁신적인 서비스의 활용을 시도하기보다, 가능한 한 판단의 횟수를 줄일 수 있는 방향으로 행동을 단순화하기 시작합니다. 고도로 복잡한 환경에서는 가장 합리적이고 좋은 선택을 내리는 것보다, 당장 덜 피곤한 선택을 내리는 것이 생존 전략으로서 우선시되기 때문입니다. 이는 사용자가 해당 서비스를 고의로 외면한다기보다, 복잡해진 디지털 환경의 구조적 피로에 대응하기 위해 본능적으로 선택한 적응 반응에 가깝습니다.

이때 사용자는 경험을 크게 두 가지 방식으로 축소하기 시작합니다. 하나는 서비스 자체의 사용 빈도를 낮추는 것이고, 다른 하나는 서비스 내에서의 활동 범위를 최소한으로 줄이는 것입니다. 금융 앱에서는 잔액만 조회한 뒤 실제 실행은 다음으로 미루게 되고, 커머스 환경에서는 물건을 탐색만 하다가 결제 단계에서 구매를 포기하며, 콘텐츠 서비스에서는 추천된 목록만 기계적으로 소비할 뿐 더 깊은 탐색으로 나아가지 않습니다. 시스템상의 기능은 여전히 존재하지만, 실제로 사용자에게 의미 있게 활용되는 영역은 빠른 속도로 줄어듭니다.

흔히 서비스 공급자들은 이러한 현상을 오해하곤 합니다 사용자가 새롭게 출시한 기능을 충분히 활용하지 않으면, 해당 기능의 매력이 떨어지거나 홍보가 부족했기 때문이라고 판단하기 쉽습니다. 그 결과 기업은 더 많은 부가 기능을 추가하거나,

더 강력한 푸시 알림과 유도 장치를 배치하여 사용자의 주의를 끌려고 시도합니다. 하지만 이러한 대응은 사용자에게 판단의 부담을 덜어주기는커녕 오히려 인지적 하중을 키워, 경험의 악순환을 심화시키는 결과를 초래하는 경우가 많습니다.

사용자가 경험을 포기하고 이탈하는 방식은 대단히 조용하고 은밀하게 진행됩니다. 사용자는 시스템에 대해 명시적인 불만을 제기하거나 구체적인 이유를 설명하기보다, 접속 빈도를 줄이고 특정 기능만을 이용하다가 결국 서비스에서 멀어질 뿐입니다. 사용자가 흔히 내뱉는 불편하다거나 귀찮다는 표현의 이면에는 사실 수차례 반복된 작은 판단의 실패와 그로 인한 피로가 겹겹이 쌓여 있습니다. 사용자는 해당 서비스 자체를 싫어하게 된 것이 아니라 서비스를 이용하는 과정에서 매번 흐름을 직접 조율해야 했던 고단한 경험을 회피하고 있는 것입니다.

이 지점에서 기업의 서비스 성장 전략은 사용자의 실제 경험과 정면으로 충돌하기 시작합니다. 기업은 더 많은 접점과 풍부한 기능을 통해 사용자를 자사 생태계에 붙잡아 두려 하지만, 사용자는 더 단순하고 명쾌한 흐름을 제공하는 곳을 찾아 떠납니다. 기능이 늘어날수록 경험이 고도화될 것이라는 전제는 사용자가 그 수많은 기능을 스스로 조합하고 관리할 수 있다는 가정 위에서만 유효합니다. 현실에서는 그 조합과 조율의 비용이 고스란히 사용자에게 전가되어 이미 임계점에 도달해 있습니다.

앞서 살펴본 문제들은 하나의 공통된 원인으로 수렴합니다. 서비스의 수량이 비약적으로 늘어났음에도 불구하고 실제 사용자가 체감하는 경험의 질이 비례해서 좋아지지 않은 이유는, 대부분의 서비스가 사용자의 근본적인 목적이 아니라 각자의 개별적인 기능과 할당된 역할을 중심으로 설계되어 왔기 때문입니다.

개별 서비스 하나하나를 떼어놓고 보면 분명 고도의 기술력과 편의성을 갖추고 있지만, 사용자가 일상에서 실제로 달성하려는 거시적인 목적의 흐름을 기준으로 보면 유기적으로 연결되어 있지 않았습니다. 그 결과 사용자는 자신의 목적을 이루기 위해 필연적으로 발생하는 여러 서비스 사이 공백을 오가며 스스로 경험의 조각들을 조립해야 했고, 이러한 인지적 부담이 누적되면서 결국 경험의 깊이를 줄이거나 아예 포기하는 선택으로 이어졌습니다.

결과적으로 사용자는 서비스가 제공할 수 있는 잠재적 가치를 온전히 누리지 못한 채 가장 얕은 수준의 사용 단계에 머물게 됩니다. 사용자의 최종 목적을 기준으로 경험의 흐름이 정렬되지 않은 상태에서는 그 어떤 서비스도 사용자의 깊은 신뢰와 지속적인 몰입으로 이어지기 어렵습니다. 이제 디지털 경쟁의 기준은 누가 더 많은 기능을 채워 넣는가에서 누가 사용자로 하여금 무엇을 고민하지 않아도 되게 만드는가로 빠르게 옮겨 가고 있습니다.

서비스 중심에서 사용자 목적 중심으로 재설계해야 하는 이유

• •

여기서 우리가 주목해야 할 점은 '서비스를 기술적으로 얼마나 잘 만들었는가'라는 공급자적 관점이 아니라 '소비자가 도대체 무엇을 하려는가'라는 사용자 목적 중심의 관점으로 사고의 축을 옮기는 것입니다. 이미 확인했듯, 사용자가 특정 앱을 방문하는 본질적인 이유는 앱 사용이 아니라 생활에서 마주한 특정한 문제를 해결하기 위함에 있습니다. 따라서 진정한 해결책은 개별 앱의 기능을 더 화려하게 다듬는 것이 아니라, 앱과 앱 사이에 존재하는 인위적인 경계를 허물고 사용자의 목적 달성 경로를 따라 서비스를 재배치하는 구조적 혁신에 있습니다.

하지만 지금까지 대부분의 디지털 경험 아키텍처는 철저히 서비스 중심으로 설계되어 왔습니다. 각 서비스는 자신의 기능을 핵심으로 삼아 내부적인 완결성을 높이는 데 모든 역량을 집중했고, 다른 서비스와의 데이터 연동이나 맥락적 연결은 부차적인 문제 혹은 자사 생태계 보호를 위한 방해 요소로 취급했습니다. 이러한 폐쇄적 구조에서는 사용자의 목적이 특정 서비스의 경계를 넘어가는 순간 경험의 흐름은 단절될 수밖에 없으며, 사용자는 새로운 서비스에 진입할 때마다 다시 탐색하고 판단하고 선택하는 과정을 반복해야 합니다. 사용자가 달성하려는 목적은 하나인데 이를 이루기 위해 거쳐야 하는 서비스의 관문은 너무나 많아진 것입니다.

사용자 목적 중심 사고로의 전환은 이 지점을 근본적으로 바꾸는 접근 방식을 요구합니다. 먼저 사용자가 최종적으로 달성하려는 목적이 무엇인지를 명확히 정의하고, 이를 이루는 전체 여정 속에서 어떤 세부 단계들이 필요한지를 하나의 연속된 흐름으로 설계해야 합니다. 그런 다음 각 단계의 맥락에 가장 적합한 서비스와 기능을 적재적소에 배치하는 과정을 거칩니다.

이때 핵심은 모든 기능을 하나의 거대한 서비스 안에 통합하는 물리적 결합이 아니라, 사용자가 목적을 이루는 과정에서 서비스 간의 이동을 전혀 의식하지 않도록 논리적 흐름을 정교하게 설계하는 것입니다. 사용자는 어떤 앱을 선택해야 할지를 고민하는 대신, 지금 이 순간 '다음으로 무엇을 하면 되는 가'라는 직관적인 감각만 유지하면 되는 환경이 구축되어야 합니다.

이러한 패러다임의 전환이 이루어지면, 개별 서비스가 수행하는 역할의 본질도 완전히 달라지게 됩니다. 서비스는 더 이상 사용자에게 복잡한 선택과 조작을 요구하는 독립적인 단위가 아니라, 전체적인 목적 흐름의 특정 구간을 전문적으로 책임지는 구성 요소로 재정의됩니다. 서비스 간에 존재하던 두터운 경계는 시스템 내부의 아키텍처로 흡수되어 사라지고, 사용자에게는 오직 하나의 연속된 경험적 흐름만 남게 됩니다. 그 결과 사용자는 특정 서비스를 개별적으로 사용한다는 인식보다 자신의 목적이 자연스럽게 진행되고 있다는 통합적인 효용감을 경험하게 됩니다.

이러한 변화는 단순한 사용자 환경 설계의 개선을 넘어 디지털 서비스 구조 전반에 대한 근본적인 재정의를 요구합니다. 서로 다른 서비스 간에 데이터가 실시간으로 연결되어야 하고, 사용자의 현재 상태와 이전 맥락이 기기 연합 내에서 투명하게 공유되어야 하며, 어느 지점에서 어떤 서비스가 최적으로 개입해야 하는지에 대한 우선순위가 명확히 정립되어야 합니다. 목적 중심 구조는 개별 서비스들이 사용자를 더 오랜 시간 붙들어 두기 위해 서로 경쟁하는 구조가 아니라, 하나의 통합된 흐름 안에서 최적의 역할을 분담하고 협력하는 공생 구조를 전제로 합니다.

지금까지 살펴본 여러 가지 문제점은 개별 서비스가 가진 품질이나 기술적 완성도와 직접적인 관련이 없습니다. 현재 시장에 출시된 대다수의 서비스는 충분히 빠른 처리 속도와 풍부한 기능을 갖추고 디자인 역시 매우 성숙한 수준에 도달해 있습니다. 서비스의 절대적인 숫자 역시 비약적으로 늘어났지만, 다양한 서비스들이 사용자의 근본적인 목적을 기준으로 어떻게 유기적으로 연결되어야 하는지에 대해서는 여전히 구조적으로 정의되지 않은 상태입니다.

바로 이 지점에서 우리는 다음 단계의 필연적인 질문에 직면하게 됩니다. 서비스의 종류가 기하급수적으로 많아지고 사용자가 처한 상황과 맥락이 다양해질수록, 이 복잡하고 정교한 목적 흐름을 누가 어떤 방식으로 조율할 것인가 하는 문제입니다. 목적 단위로 설계된 방대한 서비스 네트워크를 실시간으로 조정하는 작업은 더 이상 인간의 단편적인 판단이나 수동적인 조작만으로는 해결할 수 없는 영역에 진입했습니다. 사용자 목적 중심 구조는 필연적으로 그 흐름 전체를 깊이 있게 이해하고 상황에 맞춰 유연하게 조정할 수 있는 상위 수준의 지능형 조율자 및 융합자를 필요로 하게 됩니다.

사용자 목적을 중심으로 한
서비스 융합 구조

• •

　서비스 중심 구조의 결정적 한계는 경험에 대한 최종적인 책임이 오롯이 사용자에게 있다는 점입니다. 사용자는 수많은 선택지 중에서 어떤 서비스를 선택하고 어느 시점에 다음 단계로 넘어가야 할지를 스스로 판단해야 합니다. 이전 단계에서 발생한 행동의 결과를 기억하여 다음 행동으로 매끄럽게 옮기는 고된 작업 역시 사용자의 몫입니다. 개별 서비스는 각자의 영역에서 최적화되어 있지만, 이들을 연결하는 중차대한 역할은 시스템이 아니라 사용자의 인지적 노동에 맡겨져 있는 실정입니다.

　이러한 구조적 환경에서는 서비스의 종류가 많아질수록 사용자의 부담이 기하급수적으로 커지게 됩니다. 개별 서비스가 제아무리 훌륭하게 작동하더라도 사용자가 하루 동안 판단해야 할 지점과 전환해야 할 횟수는 끊임없이 늘어날 수밖에 없습니다. 결국 사용자는 이 복잡도를 견디지 못하고 가장 익숙한 일부 서비스만을 반복적으로 사용하거나, 아예 깊이 있는 서비스 활용 자체를 포기하게 됩니다. 서비스의 확장이 곧 경험의 확장으로 이어지지 못하는 구조적 원인이 여기에 있습니다.

우리에게 진정으로 필요한 것은 개별 서비스를 개선하는 미시적인 접근이 아니라, 서비스들이 사용자의 목적을 중심으로 어떻게 연결되고 어떤 순서와 맥락으로 작동해야 하는지를 재정의하는 거시적인 설계입니다. 우리는 이제 서비스 중심 사고의 틀에서 과감히 벗어나 사용자 목적 중심 사고로 전환해야 할 시점에 도달했습니다.

목적 중심 사고 구조에서는 사용자가 무엇을 해야 하는지를 시스템이 먼저 깊이 있게 이해하고 동작합니다. 사용자는 더 이상 여러 서비스를 탐색하며 최적의 경로를 설계할 필요가 없습니다. 서비스들은 각자의 고유한 역할을 유지하면서도 하나의 거대한 흐름 안에서 유기적으로 작동하게 됩니다. 이때 서비스는 더 이상 독립적인 경험의 단위가 아니라 사용자의 최종 목적을 완성하기 위한 핵심 부품이 됩니다. 이는 경험의 주도권이 사용자라는 개인의 판단에서 시스템이라는 지능형 구조로 이동하는 획기적인 전환점이라 할 수 있습니다.

이러한 구조적 전환이 무엇보다 중요한 이유는, 향후 AI가 사용자 경험의 영역에 본격적으로 개입할 때 필수적인 전제 조건이 되기 때문입니다. 서비스가 목적 단위로 체계화되지 않은 상태에서는 AI 역시 단편적인 정보를 추천하거나 지엽적인 보조 기능을 수행하는 수준에 머물 수밖에 없습니다. 반대로 서비스가 목적 중심으로 구조화된다면, AI는 사용자의 현재 상태를 실시간으로 파악하고 다음에 이어질 행동을 정교하게 조율하는 진정한 지휘자의 역할을 수행할 수 있습니다.

앞서 우리는 서비스가 많아진 환경에서 사용자가 왜 여전히 그 흐름을 직접 조율해야 하는지를 살펴보았습니다. 문제의 본질은 서비스의 수량이나 품질이 아니라 서비스들이 사용자의 목적을 기준으로 유기적으로 연결되지 않다는 점에 있었습니다. 그렇다면 이러한 단절은 기술적으로 해결 가능한 문제일까요, 아니면 여전히 본질적으로 어려운 문제일까요?

서비스 융합 구조 설계 시
고려해야 할 필수 기술 조건들

• •

서비스들이 사용자의 목적을 기준으로 서로 연결되지 못하는 이유는 기술이 부족해서가 아닙니다. 개별 서비스가 서로 다른 계정 체계와 상태 정의 위에서 작동하고 있기 때문입니다. 한 사람이 로그인을 했지만 서비스들은 이를 같은 사람으로 인식하지 않습니다. 이로 인해 사용자의 이전 행동과 맥락은 서비스 사이 경계를 넘는 순간 사라지고, 경험의 흐름은 다시 사용자의 기억과 판단에 의존하게 됩니다.

게다가 과거에는 서비스 간 연합 자체가 매우 어려운 일이었습니다. 기업마다 시스템 구조가 달랐고, 데이터 포맷과 API(애플리케이션 프로그래밍 인터페이스) 규격도 제각각이었습니다. 작은 기능 하나를 연결하려 해도 개발 공수가 크게 들었고, 한 번 연결하면 유지보수 비용이 지속적으로 발생했습니다. 시스템 통합은 사실상 대규모 프로젝트였고, 연동 이후에도 장애와 호환성 문제는 빈번했습니다. 이 시기에는 서비스를 연합한다는 말이 곧 큰 리스크를 감수한다는 의미로 받아들여질 수밖에 없었습니다.

하지만 지금의 기술 환경은 과거와 근본적으로 달라졌습니다.

마이크로서비스 아키텍처(MSA, Microservice Architecture)의 보편화

서비스 기능을 작은 단위로 나누고 각각을 독립적인 API로 제공하는 구조가 일반화되었습니다. 이는 서비스 연합이 더 이상 거대한 덩어리가 아니라 필요에 따라 조합 가능한 모듈로 바뀌었음을 의미합니다. 덕분에 특정 파트너를 교체하거나 새로운 기능을 추가하는 비용이 과거에 비해 획기적으로 낮아졌습니다.

API 생태계의 표준화

호텔이나 항공 그리고 택시나 결제처럼 서로 다른 산업에서도 검색이나 예약, 결제와 같은 공통 규격이 자리 잡았습니다. 이는 산업 전반이 마치 같은 플러그 앤드 플레이(Plug and Play) 규격을 사용하기 시작한 것과 같습니다. 서비스 간 연결은 더 이상 특수한 기술이 아니라 기본 전제로 받아들여지고 있습니다.

거대언어모델(LLM, Large Language Model)의 등장

거대언어모델은 단순히 답변을 생성하는 데 그치지 않고 API 사용법을 이해하고 사용자의 자연어 요청을 분석해 필요한 API 조합을 계획하고 실행할 수 있는 기술입니다. 과거에는 서비스 조합을 위해 사람이 직접 흐름을 설계해야 했지만, 이제는 그 지능 비용이 급격히 낮아졌습니다. 기술적으로만 보면 서비스 조합과 오케스트레이션은 더 이상 높은 장벽이 아닙니다.

개방형 서비스 연합의 운영

오늘날과 같은 다변화된 사회에서 한 기업이 모든 서비스를 수직 계열화하여 폐쇄적인 생태계를 만들고 독점하는 것은 현실적으로 불가능합니다. 그보다는 개방형 서비스 연합을 통해 외부의 전문 역량을 유기적으로 연결해야 사용자의 복잡한 목적을 완결성 있게 해결할 수 있습니다. 폐쇄적 성벽을 허물고 데이터와 기능을 개방하면 파트너사들과의 맥락 공유를 통해 초개인화된 가치가 창출되며, 이는 참여자 모두가 함께 성장하는 생태계의 선순환 구조를 만드는 핵심 동력이 됩니다.

개방형 서비스 연합의 현실적 출발은 거창한 위원회나 협회의 설립이 아니라, 강력한 고객 접점을 가진 앵커 서비스가 주도하는 선제적 개방에서 시작되어야 합니다. 모든 이해관계자가 합의에 이를 때까지 기다리는 방식은 급격히 변화하는 기술 환경에서 속도의 한계를 노출할 수밖에 없습니다. 그보다는 시장을 주도하는 플랫폼이 매력적인 데이터 규격과 인터페이스를 먼저 공개하고, 이를 따르는 파트너사에 고객 유입과 수익 창출이라는 실질적 혜택을 제공해야 합니다 이러한 시장 주두적 표준은 복잡한 정치적 합의 없이도 생태계를 신속하게 확장하는 핵심 동력이 됩니다.

기술적으로는 시스템 간의 엄격한 통합보다는 AI를 매개로

한 느슨한 결합에 집중할 필요가 있습니다. 서로 다른 기업의 이질적인 시스템을 하나로 강제 병합하기보다, 거대언어모델 기반의 AI가 중간에서 각 서비스의 기능을 실시간으로 해석하고 조합하는 방식이 요구됩니다. 이는 파트너사의 시스템 수정 부담을 최소화하면서도 서비스 간 고도화된 조율을 가능하게 하는 현실적 대안이 됩니다.

여행이나 헬스케어와 같이 사용자 여정이 명확한 영역에서 핵심 파트너사들이 모여 구체적인 데이터 계약을 체결하고 성공 사례를 만드는 것도 필요합니다. 이 작은 연합에서 증명된 효용은 다른 기업들이 자발적으로 생태계에 참여하게 만드는 강력한 유인책이 되며, 결과적으로 생태계 전반의 실질적 표준화를 견인하게 됩니다.

신뢰의 장벽을 허물 제도와 구조

기술 문제가 상당 부분 해결된 지금, 개방형 서비스 연합의 추진을 방해하는 제약은 비즈니스적·정치적 신뢰 문제입니다. 기업들은 데이터 공유 시 고객을 빼앗기거나 특정 플랫폼에 종속되지 않을지 그리고 경쟁사와 시스템을 연결하는 것이 과연 안전한지를 우려합니다. 과거에는 연동 비용이 문제였다면, 이제는 신뢰 비용이 개방형 서비스 연합 추진의 가장 큰 장애물이

된 셈입니다. 중요한 점은 신뢰 역시 막연한 믿음에 의존해서는 형성될 수 없다는 사실입니다. 신뢰는 감정이 아니라 구조와 규칙으로 설계되어야 하는 대상입니다.

이 신뢰 문제를 넘어서기 위해서는 두 가지가 필요합니다. 첫째는 공유가 서로에게 이익이 되는 비즈니스 모델의 합의이고, 둘째는 그 합의를 시스템적으로 보증하는 데이터 계약입니다. 데이터 계약은 어떤 데이터를 공유할지, 어떤 목적에 사용할지, 언제 파기해야 할지 그리고 위반 시 어떤 책임이 발생하는지를 명확히 규정합니다. 이를 통해 신뢰를 사람의 판단이 아니라 제도와 프로토콜로 보증해야 합니다.

현실적인 실행 전략

과거에는 기술적으로 연동이 너무 어려워서 시도하지 못했다면, 이제는 연동 비용이 획기적으로 낮아져 기술은 더 이상 장벽이 될 수 없습니다. 신뢰 역시 제도와 구조를 통해 관리 가능한 단계에 도달했습니다. 이 같은 조건 위에서 비로소 서비스 융합은 이상적인 비전이 아니라 현실적인 선택지가 됩니다. 서비스가 서로의 존재를 전제로 설계되고 사용자의 목적 흐름을 공유할 수 있는 환경이 조성된 것입니다.

이러한 환경에서 실행 가능한 전략은 크게 세 가지 축으로 정리할 수 있습니다.

첫째는 자신의 핵심 역량을 API로 만드는 것입니다. 모든 것을 직접 실행하기보다 자신이 가장 잘하는 기능과 데이터를 외부에 활용하기 쉬운 형태로 제공하는 전략입니다.

둘째는 부족한 역량을 과감하게 빌려 쓰는 것입니다. 결제나 지도, 교통이나 추천 혹은 AI 모델 같은 영역은 외부 API를 활용하는 편이 더 빠르고 효율적인 경우가 많습니다.

셋째는 이 조립과 조율을 AI에게 맡기는 것입니다. AI 에이전트를 지휘자로 내세워 내부 서비스와 외부 파트너 서비스를 사용자의 목적을 중심으로 자동 조합하게 만드는 방식입니다.

이 세 가지가 결합될 때, 서비스는 더 이상 고립된 기능의 집합이 아니라 사용자 목적을 중심으로 유연하게 재구성되는 구조로 전환될 수 있습니다. 그리고 바로 이 지점에서 AI는 더 이상 개별 서비스 안에서 자동화를 수행하는 도구에 머물지 않고, 분절된 서비스와 맥락을 엮어 하나의 흐름으로 경험을 조율하는 지휘자가 될 수 있습니다.

개방형 서비스 연합의 구조적 토대: MSC

다중 서비스 융합(MSC, Multi-Service Convergence)은 이러한

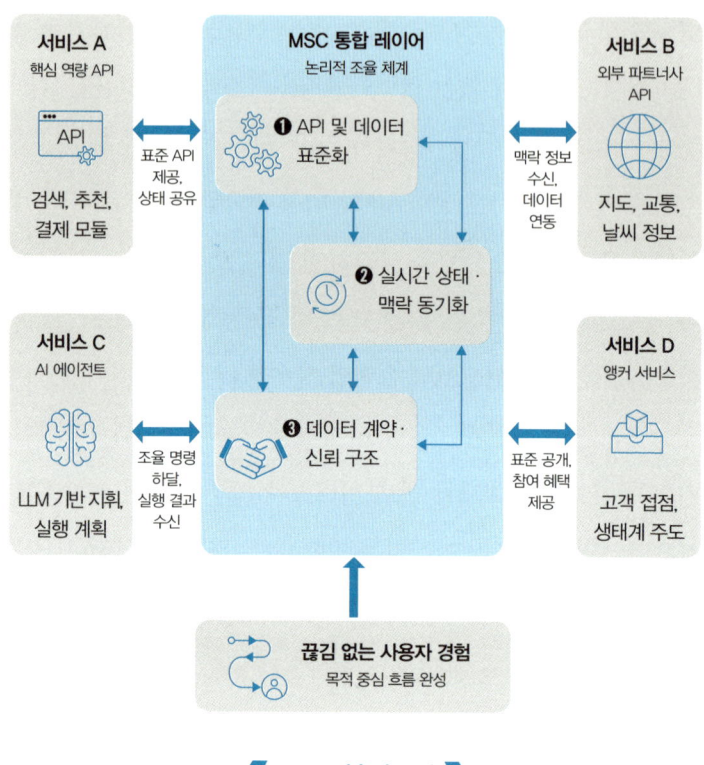

서비스 A
핵심 역량 API

API

검색, 추천,
결제 모듈

표준 API
제공,
상태 공유

MSC 통합 레이어
논리적 조율 체계

❶ API 및 데이터
표준화

맥락 정보
수신,
데이터
연동

서비스 B
외부 파트너사
API

지도, 교통,
날씨 정보

❷ 실시간 상태 ·
맥락 동기화

서비스 C
AI 에이전트

LLM 기반 지휘,
실행 계획

조율 명령
하달,
실행 결과
수신

❸ 데이터 계약 ·
신뢰 구조

표준 공개,
참여 혜택
제공

서비스 D
앵커 서비스

고객 접점,
생태계 주도

끊김 없는 사용자 경험
목적 중심 흐름 완성

《 MSC 기술적 조건 》

서비스 중심 구조의 한계를 넘어서기 위해 서비스를 기능 단위
가 아닌 사용자의 목적 단위로 재구성하고 여러 서비스의 흐름
을 하나의 여정으로 엮어내는 논리적 조율 체계를 의미합니다.
MSC는 단순히 여러 앱을 한 화면에 모으거나, 기능을 연결하는
물리적 통합을 의미하지 않습니다. 그보다는 서비스들이 각자

의 역할을 유지한 채 사용자의 목적을 기준으로 언제 개입하고 언제 물러나야 하는지를 명확히 정의하는 조율 구조입니다.

MSC의 핵심은 서비스 간에 상태와 맥락이 끊기지 않고 전달되는 데 있습니다. 사용자가 이전 단계에서 무엇을 했고, 어떤 선택을 내렸으며, 아직 남아 있는 작업은 무엇인지가 서비스 간에 공유될 때, 사용자는 다음 행동을 고민하지 않아도 됩니다. 이러한 조율과 융합은 API 표준화와 데이터 계약 같은 기술적 토대가 형성되어야 가능하지만, 그 본질은 기술이 아니라 경험의 논리에 있습니다. MSC는 서비스들을 하나의 목적 흐름 안에서 작동하게 만드는 경험의 논리적 기반입니다.

MSC가 제대로 작동할 때, 서비스는 더 이상 독립된 섬이 아니라 목적을 완성하기 위해 형성된 시스템의 구성 요소가 됩니다. 사용자는 어떤 서비스를 먼저 열어야 하는지 혹은 어디서 무엇을 다시 입력해야 하는지를 고민하지 않게 되고, 흐름의 관리자나 조율자가 아닌 목적의 주체가 됩니다. 다시 말해 MSC는 사용자를 서비스 간 조율 노동에서 해방시키는 기술입니다. 기기 간 경험의 물리적 토대를 정의하는 MDX 위에 서비스 간 흐름의 논리를 정의하는 MSC가 갖춰질 때, 비로소 사용자 경험은 하나의 구조를 형성하게 됩니다. AI는 이 두 가지 토대 위에서 사용자의 목적을 이해하고 전체 흐름을 지휘하는 역할을 맡게 됩니다.

이 장에서는 서비스가 지나치게 많아진 환경에서 왜 사용자의 경험이 오히려 더 복잡해졌는지를 살펴보았습니다. 문제의 핵심은 서비스들이 사용자의 목적을 기준으로 조율되지 않는다는 것이었습니다. 이로 인해 사용자는 경험의 흐름을 직접 이끌어 나가는 과정에서 직면하는 선택과 판단의 부담 때문에 경험 포기로 이어지는 구조였습니다.

이 지점에서 자연스럽게 등장하는 기대 요소가 바로 AI입니다. 많은 기업은 AI가 이 복잡함을 해결해 줄 수 있지 않을까 하는 질문을 던지기 시작했습니다. 다음 장에서는 왜 지금까지의 AI가 이러한 조율을 수행하지 못했는지 그리고 AI가 오케스트레이션의 주체가 되기 위해 어떤 조건이 더 필요한지를 살펴보겠습니다.

❶ **기능 중심 조직의 함정** 조직, 지표, 책임이 기능 단위로 쪼개져 서비스 간 연결을 아무도 책임지지 않는 사일로 현상이 발생합니다.

❷ **판단 비용 전가** 서비스 간 연결이 끊길 때마다, 사용자는 매번 다음 행동을 판단하고 선택해야 하며, 이는 이탈의 주원인이 됩니다.

❸ **다중 서비스 융합** 서비스를 기능 단위가 아닌 사용자의 목적 단위로 재구성하고, 서비스 간에 상태와 맥락이 끊김 없이 이어지도록 조율해야 합니다.

목적 중심 서비스
구조 만들기

❶ **상위 목적 정의** 송금하기가 아니라 계산 완료하기, 검색하기가 아니라 여행 계획하기처럼 사용자의 최종 목적을 다시 정의해 보세요.

❷ **데이터 계약 수립** 타 부서나 파트너사와 협업할 때, 어떤 맥락 데이터를 주고받을지 명확한 규약을 만들어 보세요. 이는 단순한 연결을 넘어 상태 공유의 약속입니다.

❸ **성과 지표 재설정** 개별 페이지 열람 횟수나 체류 시간보다, 사용자의 목적이 단절 없이 완결되었는지를 측정하는 목적 달성률을 주요 성과 지표로 도입해 보세요.

4장

경험의 흐름을
완성하는
지능적 지휘
구조

— 세 번째 토대

AI는 추천을 고도화하고 검색을 신속화하며 반복 작업을 자동화하는 부문에서 분명한 성과를 보여주고 있습니다. 그럼에도 불구하고 이제까지의 AI 활용은 대부분 기존 구조 안에서의 개선에 머물러 있었습니다. 추천 정확도를 높이거나 응답 속도를 줄이거나 특정 기능의 사용성을 개선하는 방식입니다. 이러한 접근은 분명 유효하지만, 사용자의 하루를 하나의 흐름으로 묶어주기에는 한계가 있습니다. AI가 똑똑해져도 서비스와 서비스 사이 경계가 그대로 남아 있다면, AI는 각 지점에서 부분적인 도움만 제공할 뿐입니다.

여기서 중요한 구분이 등장합니다. 바로 자동화와 오케스트레이션의 차이입니다. 이미 정의된 규칙과 절차에 따라 시스템이 대신 작업을 수행하도록 만드는 자동화만으로는 사용자의 경험 흐름을 이해하거나 조율하는 데 한계가 있습니다. 반면 오케스트레이션은 사용자의 목적을 기준으로 여러 자동화와 서비스를 엮어 경험 전체가 하나의 흐름으로 작동하도록 만드는 역할을 합니다. 이제까지 AI는 주로 자동화의 영역에서 성과를 거두어왔지만, 사용자가 체감하는 경험의 변화는 오케스트레이션의 영역에서 발생합니다.

문제는 오케스트레이션이 하나의 기술로 해결되지 않는다는 점입니다. AI가 사용자의 경험을 조율하기 위해서는 먼저 무엇을 조율해야 하는지가 정의되어야 합니다. 사용자의 목적이 무엇이고, 이를 달성하기 위해 어떤 서비스들이 어떤 순서로 관여해야 하는지, 각 단계에서는 어떤 상태가 다음 단계로 전달되어야 하는지가 구조적으로 정리되어 있지 않으면, AI는 판단할 근거를 확보할 수 없습니다.

AI가 사용자의 경험을 바꾸지 못한 이유는 기술이 부족해서가 아니라 AI에게 맡길 수 있는 조율의 대상이 준비되지 않기 때문입니다. 서비스는 여전히 각자의 논리로 작동하고 사용자의 경험 흐름은 시스템이 아니라 개인의 기억과 판단에 의존하고 있습니다. 이런 환경에서는 AI의 활용성에 한계가 있을 수밖에 없습니다.

이 장에서는 바로 이 문제를 다루고자 합니다. 왜 이제까지 AI가 사용자의 경험을 근본적으로 바꾸지 못했는지, 자동화 중심의 AI 활용에는 어떤 한계가 있는지 그리고 사용자 경험을 조율하는 AI로 나아가기 위해서는 무엇이 정리되어야 하는지를 살펴볼 것입니다. 이를 통해 우리는 AI를 똑똑한 기능이 아니라 경험 구조 위에서 작동하는 조율자로 바라보게 될 것입니다.

자동화는 늘었지만 경험이 나아지지 않는 이유: 목적이 부재한 자동화의 한계

• •

AI가 현장에서 가장 빠르게 성과를 낸 영역은 자동화였습니다. 반복적으로 발생하는 문의를 챗봇이 처리하고, 문서를 요약하거나 분류하거나 운영과 관련된 특정 절차를 시스템이 처리하는 방식이 대표적입니다. 이러한 자동화는 분명 비용을 줄이고 처리 속도를 높이는 데 기여합니다. 사용자 관점에서도 이전보다 대응이 빨라졌거나 답변을 더 신속하게 받는다는 등의 개선 사항이 체감되기도 합니다. 하지만 여기서 발생하는 변화는 대체로 특정 지점의 개선에 그치며, 사용자가 목적을 이루는 전체 과정이 근본적으로 바뀌는 경험으로는 이어지지 못합니다.

이러한 차이는 자동화가 다루는 대상이 무엇인지에서 시작됩니다. 자동화는 기본적으로 이미 정의된 일을 대상으로 삼습니다. 무엇을 해야 하고 어떤 순서로 처리해야 하는지 그리고 어떤 조건에서 다음 단계로 넘어가는지가 명확히 정리되어 있을 때, 자동화는 가장 강력한 효율을 발휘합니다. 반대로 사용자의 목적이 복합적이거나, 상황에 따라 다음 단계가 가변적이거나, 여러 서비스가 복잡하게 얽혀 있는 문제는 자동화만으로는 해결하기 어렵습니다.

우리가 사용자 경험에서 느끼는 복잡성은 대체로 두 번째 범주에 속합니다. 즉 자동화가 해결한 것은 개별적인 일의 수행뿐이며, 사용자가 느끼는 복잡성의 핵심인 일과 일 사이의 연결 문제는 여전히 해결되지 않은 채 남아 있습니다.

예를 들어 사용자가 여행을 준비한다고 가정해 보겠습니다. 항공권 검색에서 시작하여 숙소 예약과 일정 정리 그리고 이동 경로 확인과 결제, 예약 점검과 변경 혹은 취소까지 이어지는 일련의 과정은 필연적으로 여러 서비스로 나뉘어 진행됩니다.

여기서 자동화 기술은 각 단계의 일부분을 개선할 수 있습니다. 예약 가능한 항공권을 더 정교하게 추천하거나, 예약 확인 메일의 핵심 내용을 요약해 주거나, 혹은 고객센터 문의 사항을 먼저 답변해 주는 방식입니다.

그러나 사용자가 체감하는 진짜 어려움은 다음에 무엇을 해야 하는가, 이 예약 정보를 다른 서비스로 어떻게 넘겨야 하는가, 일정에 변경이 생겼을 때 어디까지 작업을 반복해야 하는가와 같은 근본적인 질문에서 발생합니다. 자동화는 각 단계의 처리 속도를 높일 수는 있어도 단계와 단계 사이를 하나의 유기적인 흐름으로 연결해 주지는 못합니다.

이때 사용자 경험이 단절되는 이유는 AI가 똑똑하지 못해서라기보다, AI가 전체적인 흐름을 구성할 수 있는 재료가 부족하기 때문입니다. 대부분의 자동화는 한 서비스 내부에서 닫힌 형태로 구현됩니다. 해당 서비스가 보유한 데이터와 정의한 상태 정보, 허용한 권한 범위 안에서만 작동합니다. 그런데 사용자의 실제 목적은 결코 한 서비스 안에 갇혀 있지 않습니다.

서비스가 다르면 로그인 체계가 다르고, 진행 중이라는 상태에 대한 정의는 물론 작업 완료를 판단하는 기준조차 제각각입니다. 어떤 서비스에서는 결제가 끝나면 모든 과정이 완료된 것으로 간주하지만, 다른 서비스에서는 배송이 실제로 끝날 때를 완료 시점으로 보기도 합니다. 사용자는 하나의 통합된 목적을 수행하고 있지만, 각 서비스는 이를 서로 다른 단위로 끊어서 이해하고 있습니다. 자동화 기술이 서비스 간의 경계를 넘기 어려운 이유가 바로 여기에 있습니다.

결국 자동화가 늘어날수록 사용자 경험이 좋아질 것이라는 기대는 하나의 중요한 전제를 포함하고 있습니다. 그것은 자동화된 기능들이 서로 유기적으로 연결되어 사용자의 목적을 대신 이어줄 것이라는 전제입니다. 하지만 그 연결의 규칙이 구조적으로 정의되어 있지 않다면, 자동화는 그저 늘어난 기능의 나열에 불과할 뿐 하나의 흐름으로 합쳐지지 않습니다. 이런 이유로 우리는 여전히 자동화 기술이 늘어났음에도 불구하고 수동으로 앱을 옮겨 다니고, 정보를 다시 입력하며, 맥락을 매번 새로 설명해야 합니다. 자동화는 사용자에게서 개별적인 작업을 덜어줄 수 있으나, 전체적인 경험의 흐름을 관리하고 조율해야 하는 책임은 여전히 사용자의 몫으로 남아 있습니다.

이것이 자동화가 가진 한계라면, 다음 단계에서 우리가 마주할 질문은 더욱 명확해집니다. 경험을 바꾸는 진정한 변화는 자동화의 양적 확대가 아니라 자동화된 요소들과 서비스들을 사용자의 목적에 따라 어떻게 묶어내는가에 있습니다. 즉 더 많은 자동화 기능을 만들기보다 개별적인 자동화 기능이 어떤 순서와 조건으로 연결되어야 하는가를 구조적으로 정리하는 과정이 선행되어야 합니다.

자동화와 오케스트레이션의 본질적 차이: 지능의 고도화 vs. 조율의 위치

· ·

자동화의 한계를 이해하고 나면, 경험을 바꾸는 근본적인 변화가 과연 어디에서 시작되어야 하는가 하는 질문으로 자연스럽게 이어집니다. 지금까지 수많은 논의에서 이 질문에 대한 답은 대개 기술의 성능이나 모델의 고도화로 귀결되곤 했습니다. 즉 모델이 지금보다 더 똑똑해지고 성능이 비약적으로 발전하면 문제가 해결될 것이라는 이야기입니다. 하지만 사용자 경험의 관점에서 본질을 파헤쳐 보면, 문제는 AI의 지능 수준 그자체보다 판단이 실제로 이루어지는 위치에 있습니다.

지금까지 대부분의 AI 기술은 서비스의 내부적인 기능을 강화하는 방향으로 배치되어 왔습니다. 검색 결과의 정확도를 높이거나 추천 엔진을 더 정교하게 다듬거나 특정 기능을 더 빠르게 수행하도록 돕는 방식입니다. 이러한 구조에서 AI는 항상 이 서비스 안에서 무엇을 도와줄 것인가 하는 질문에 답하는 데 집중합니다. 반면 실제 사용자는 목적을 이루기 위해 무엇을 해야 하는가 하는 근본적인 질문을 던집니다. 이 두 질문은 겉보기에는 비슷할 수 있으나 기준이 되는 지향점은 완전히 다릅니다. 하나는 철저히 서비스 중심의 사고이고, 다른 하나는 철저히 사용자의 목적 중심 사고이기 때문입니다.

이러한 근본적인 차이 때문에, AI는 기술적으로 아무리 발전하더라도 현재의 구조에서는 사용자의 전체적인 경험 흐름을 온전히 책임지기 어렵습니다. 특정 서비스에 종속된 AI는 자신이 속한 영역의 상태 정보만을 파악하고 있을 뿐입니다. 이전 단계가 어느 지점에서 시작되었는지, 혹은 다음 단계가 어떤 서비스를 통해 이어질 것인지에 대한 맥락 정보를 구조적으로 알기 어렵습니다. 결국 최종적인 판단은 사용자의 몫으로 남겨지게 됩니다. 이제 다음으로 무엇을 해야 하는지, 혹은 이 정보를 어디로 가져가서 어떻게 처리해야 하는지 같은 복잡한 질문들을 사용자가 계속해서 떠안게 됩니다.

오케스트레이션은 바로 이러한 판단의 위치를 근본적으로 바꾸려는 시도입니다. 오케스트레이션의 핵심은 AI가 단순히 더 많은 일을 기계적으로 대신해 주는 데 그치지 않고, 사용자의 목적을 기준으로 판단이 이루어지는 지점을 서비스의 바깥 영역으로 확장하는 데 있습니다. 어떤 기능을 실행할지, 어떤 서비스를 거쳐야 할지 그리고 특정 결과를 다음 단계로 어떻게 넘길지를 개별 서비스의 논리가 아닌 전체 경험 흐름의 관점에서 결정하는 구조를 만드는 것입니다. 이러한 상위 구조가 전제될 때, AI는 특정 기능의 자동화를 수행하는 도구를 넘어 여러 자동화 요소를 유기적으로 엮어 하나의 완성된 경험을 창출해낼 수 있습니다.

여기서 중요한 점은 오케스트레이션이 개별적인 자동화 기술을 부정하거나 배제하지 않는다는 사실입니다. 오히려 정교하게 설계된 자동화는 오케스트레이션을 구성하는 필수 요소가 됩니다. 각 서비스 안에서 독립적으로 작동하는 자동화 기능이 풍부할수록 오케스트레이션이 전체 경험의 흐름을 지휘하며 활용할 수 있는 재료도 다양해지기 때문입니다. 하지만 자동화된 재료들만으로는 전체 경험의 완성도를 보장할 수 없으며, 그 재료들을 어떤 순서와 조건으로 배합하여 사용할지를 결정하는 상위의 조율 구조가 반드시 필요합니다. 이 상위의 통제 구조가 바로 우리가 지향해야 할 오케스트레이션의 실체입니다.

이 대목에서 많은 사람이 자주 범하는 오해를 바로잡을 필요가 있습니다. 그것은 오케스트레이션을 단순히 성능이 뛰어

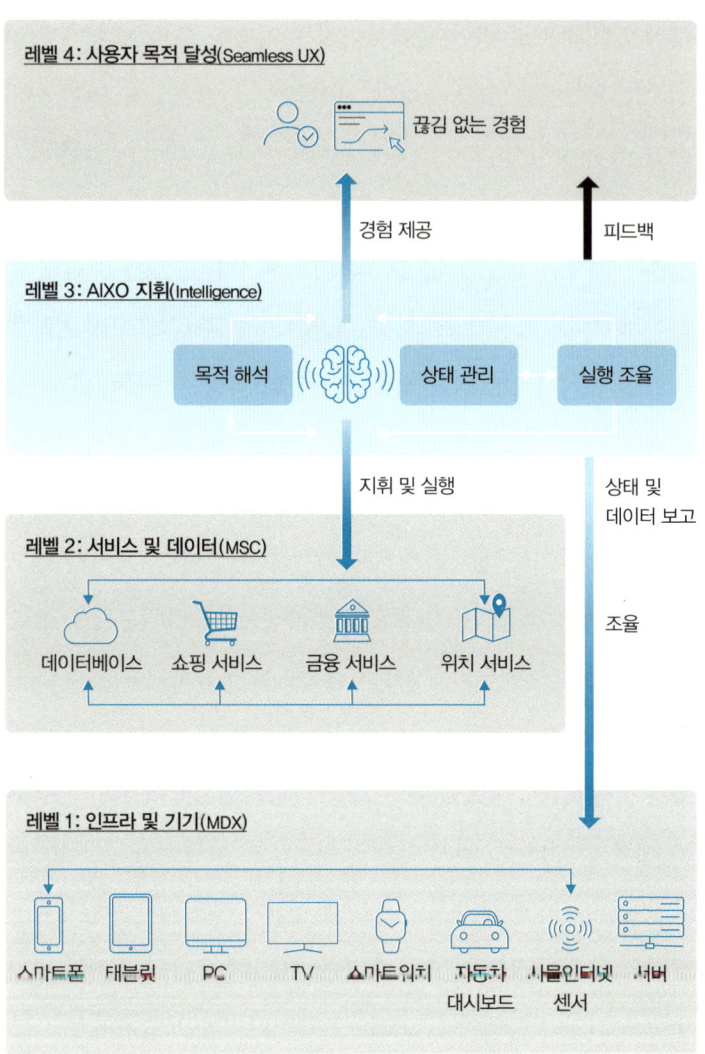

레벨 4: 사용자 목적 달성(Seamless UX)

끊김 없는 경험

경험 제공   피드백

레벨 3: AIXO 지휘(Intelligence)

목적 해석   상태 관리   실행 조율

지휘 및 실행   상태 및 데이터 보고

조율

레벨 2: 서비스 및 데이터(MSC)

데이터베이스   쇼핑 서비스   금융 서비스   위치 서비스

레벨 1: 인프라 및 기기(MDX)

스마트폰   태블릿   PC   TV   스마트워치   자동차 대시보드   사물인터넷 센서   서버

《 AIXO 오케스트레이션 스택 》

난 하나의 거대한 AI 기능으로 접근하는 관점입니다. 실제로 오케스트레이션의 성패를 가르는 결정적인 요인은 AI 모델의 파라미터 수나 연산 성능보다 무엇을 기준으로 흐름을 정의했는가 하는 설계의 원칙입니다. 사용자의 목적이 얼마나 구체적으로 정의되어 있는지, 목적 달성의 중간 상태 값들이 어떻게 데이터로 표현되는지 그리고 어떤 핵심 상태가 다음 단계로 전달되어야 하는지가 구조적으로 정리되어 있지 않다면, AI는 최선의 판단을 내릴 근거를 확보할 수 없습니다.

결국 오케스트레이션의 본질은 기술의 문제라기보다 구조의 문제입니다. AI는 사전에 마련된 정교한 구조 위에서 자신의 지능을 발휘하여 작동할 뿐입니다. 지금까지 AI가 우리의 일상 경험을 획기적으로 바꾸지 못했던 이유는 AI의 기술이 부족해서가 아니라, 경험을 총체적으로 조율할 수 있는 판단의 구조가 서비스의 울타리 바깥에 존재하지 않았기 때문입니다. 이러한 조율 구조가 준비되지 않은 상태에서는 AI가 개별적인 자동화 작업을 무수히 반복할 수는 있어도, 사용자 경험 전체를 책임지는 고차원적인 존재가 되기는 어렵습니다.

AI 오케스트레이션의 필수 요건: 실행 역량 vs. 조율 권한

• •

오케스트레이션이 자동화와는 다른 영역이라는 점을 이해했다면, 이제 보다 현실적인 질문으로 이동해야 합니다. AI가 사용자 경험을 조율하려면 무엇이 준비되어야 하는가 하는 질문입니다. 이 질문은 얼핏 AI의 성능이나 모델 선택에 관한 기술적 논의처럼 보이지만, 실제로는 전혀 다른 지점을 가리키고 있습니다. 핵심은 AI가 무엇을 할 수 있느냐가 아니라 우리가 AI에게 무엇을 맡길 수 있는 구조를 만들어 놓았느냐에 달려 있기 때문입니다.

지금까지 대부분의 서비스 구조에서 AI는 도구에 가까웠습니다. 검색을 대신하거나 추천을 제공하고 문장을 생성하거나 특정 작업을 자동으로 실행하는 방식입니다. 이 역할 자체는 충분히 유용하지만, AI는 여전히 사람이 정해 놓은 한정된 범위 안에서만 움직입니다. 무엇을 언제 실행할지는 이미 결정되어 있고, AI는 그중 일부를 빠르게 처리하는 부품에 불과합니다. 이러한 구조에서는 AI가 전체 사용자 경험에 대한 책임을 지는 조율자가 되기 어렵습니다.

　AI가 진정한 조율자가 되기 위해서는 그 역할의 본질이 달라져야 합니다. 조율자란 단순히 주어진 일을 잘하는 존재를 넘어, 어떤 일을 언제 그리고 어떤 순서로 처리할지를 판단하는 위치에 있는 존재를 의미합니다. 하지만 지금의 서비스 구조에서는 이러한 핵심적인 판단 기능을 여전히 사용자에게 부여하고 있습니다. 사용자는 자신의 목적을 염두에 두고 스스로 어떤 서비스를 거칠지 결정하는 것은 물론 중간 결과를 기억해 다음 단계로 옮겨야 합니다. AI는 그 과정에서 단편적인 도움을 줄 수 있지만 전체 흐름을 책임지는 지휘봉을 쥐지는 못합니다.

　우리가 AI에게 전적으로 판단을 맡기지 못하는 이유는 단지 AI의 기술적 한계 때문만은 아닙니다. 더 근본적인 이유는 판단의 기준이 되는 구조 자체가 정리되어 있지 않기 때문입니다. 사용자의 목적이 서비스 내부의 기능 단위로 잘게 쪼개지고, 각 단계의 상태 정보가 서비스별로 다르게 정의되며, 그 상태를 다음 단계로 넘기는 규칙이 모호한 상황에서는 AI가 최선의 판단을 내리기 어렵습니다. 더 정확히 말하면 판단할 능력이 없는 것이 아니라 판단을 위임할 구조가 마련되지 않았습니다.

　예를 들어 사용자가 오늘 저녁 약속을 준비한다는 목적을 가진다고 가정해 보겠습니다. 이 목적은 이동과 예약 그리고 결제와 일정 관리, 알림 등 여러 개별 서비스와 연결됩니다. 하지만 이 같은 서비스들이 어떤 환경에도 하나의 통합된 상태로 존재하지 않는다면, AI는 각 서비스의 요청을 개별적으로 처리할 수는 있어도 목적에 따라 전체 경험 흐름을 조율하지는 못합니다. 결과적으로 사용자는 여전히 각 단계를 직접 호출하고 확인해야 하는 번거로움을 겪게 됩니다.

이 지점에서 AI 오케스트레이션의 전제 조건이 명확히 드러납니다. AI가 조율자가 되기 위해서는 먼저 조율의 최소 단위가 새롭게 정의되어 있어야 합니다. 사용자의 목적은 어떤 데이터 상태로 표현되는지, 그 목적을 이루는 과정에서 어떤 중간 상태들이 생성되고 소멸되는지 그리고 어떤 핵심 상태가 다음 단계로 전달되어야 하는지가 구조적으로 정리되어야 합니다. 이는 단순히 AI 모델의 성능을 높이는 것을 넘어 경험 설계의 근본적인 혁신에 관한 문제입니다.

또 하나 간과할 수 없는 중요한 조건은 책임의 이동입니다. 단순한 자동화는 실패했을 때 그 책임의 원인이 명확합니다. 미리 정해진 규칙이 잘못되었거나 입력값이 틀렸기 때문입니다. 하지만 오케스트레이션은 다릅니다. 전체 경험 흐름을 지휘한다는 것은 결과에 대한 최종 책임이 시스템 쪽으로 이동한다는 의미이기도 합니다. 이 때문에 많은 조직은 무의식적으로 AI 오케스트레이션 구조를 피하려 합니다. AI가 내린 판단이 잘못되었을 때 발생할 수 있는 리스크를 감당할 준비가 되어 있지 않기 때문입니다. 현재 그 모든 책임과 피로는 사용자에게 전가되어 있습니다. 사용자가 스스로 흐름을 설계하고 실패의 결과까지 온전히 떠안고 있는 상황입니다.

결국 AI가 사용자의 경험을 바꾸지 못하는 이유는 명확해집니다. AI 기술은 이미 충분히 많은 일을 수행할 수 있지만, 경험 전체를 책임질 위치에 서도록 권한을 위임받지 못합니다. 서비스는 여전히 각자의 경계를 완고하게 유지하고, 사용자의 목적은 구조화된 데이터가 아니라 개인의 기억과 판단 속에 머물러 있습니다. 이 상태가 지속되는 한, AI는 아무리 발전하더라도 개별 기능의 자동화라는 한계를 넘어서기 어렵습니다.

AI 오케스트레이션의 선결 조건: 사용자 목적의 수행 흐름

● ●

AI가 사용자의 경험을 조율하지 못한 이유를 면밀히 따져

보면, 결국 하나의 결론에 도달하게 됩니다. 그것은 AI 기술 자체는 이미 충분히 성숙해 있지만, 조율의 대상이 될 경험 구조는 아직 구축되지 않았다는 사실입니다. 다시 말해 AI가 무엇을 해야 하는지는 점점 명확해지고 있지만, 무엇을 기준으로 판단해야 하는지는 여전히 불명확한 상태로 남아 있습니다.

AI 오케스트레이션이 정상적으로 작동하기 위해 최우선적으로 필요한 것은 고도의 지능이 아니라 명확한 기준입니다. 사용자의 목적이 무엇인지, 그 목적이 어떤 세부 단계로 이루어지는지 그리고 각 단계에서 어떤 상태가 생성되고 다음 단계로 어떻게 전달되는지가 체계적으로 정리되어 있지 않다면, AI는 판단을 내릴 수 없습니다. 판단이라는 행위는 단순한 계산의 문제가 아니라 설계된 구조의 문제이기 때문입니다.

지금까지 대부분의 서비스는 오직 내부 흐름만을 기준으로 설계되어 왔습니다. 특정 서비스 안에서는 상태가 잘 정의되어 있고 다음 행동도 비교적 명확하게 규정되어 있습니다. 하지만 서비스 밖으로 나가는 순간 그 상태 정보는 의미를 잃고 맙니다. 다른 서비스는 이전 서비스가 전달하는 상태를 이해하지 못해, 사용자는 결국 다시 설명을 하거나 선택을 반복해야 합니다. 이같은 구조에서는 AI 역시 각 서비스 내부에서는 똑똑하게 작동할 수 있지만 서비스 사이 공백에서는 길을 잃게 됩니다.

AI 오케스트레이션이 실질적으로 가능하려면 사용자의 목적이 서비스 내부의 개별 이벤트가 아니라 서비스를 가로지르는 전체 경험 흐름 단위로 정의되어야 합니다. 예를 들어 검색이나 결제 혹은 이동 같은 기능 중심의 정의가 아니라 약속을 준비한다거나 여행을 계획한다거나 오늘의 일을 마무리한다와 같은 목적 중심의 정의가 필요합니다. 이 같은 목적이 하나의 일관된 흐름으로 인식될 때, 비로소 AI는 어떤 서비스가 언제 개입해야 하는지를 정확히 판단할 수 있습니다.

상태의 공유도 중요한 전제 조건입니다. 오케스트레이션은 단순히 실행 순서를 정하는 일이 아니라 이전 행동의 결과를 다음 행동의 입력값으로 자연스럽게 넘기는 일입니다. 이를 위해서는 서비스별로 제각각 정의된 상태가 아니라 전체 경험 흐름 기준의 공통된 상태 정의가 필요합니다. 사용자가 현재 어느 단계까지 왔는지, 무엇을 이미 결정했는지 그리고 무엇이 아직 결정되지 않았는지가 구조적으로 표현되지 않는다면, AI는 매번 처음부터 모든 상황을 다시 판단해야 하는 비효율을 겪게 됩니다.

이 지점에서 많은 조직이 자주 범하는 오해가 있습니다. AI 오케스트레이션을 도입하려면 거대한 통합 시스템을 구축하거나 완전히 새로운 플랫폼이 필요하다고 생각하는 것입니다. 하지만 오케스트레이션 도입 시 필요한 변화는 기술의 규모가 아니라 설계의 방향입니다. 모든 서비스를 하나로 묶는 물리적 통합이 아니라 개별 서비스가 공통으로 참조할 수 있는 논리적 흐름의 기준을 만드는 것이 핵심입니다.

정리하면 오케스트레이션 도입에 필요한 전제 조건은 크게 세 가지로 요약할 수 있습니다. 첫째, 사용자의 목적이 서비스 바깥에서 하나의 경험 흐름으로 정의되어야 합니다. 둘째, 그 흐름을 구성하는 상태 정보가 서비스 간에 의미를 잃지 않도록 정리되어야 합니다. 셋째, 각 서비스는 경험의 흐름 안에서 언제 등장하고 언제 물러나는지를 스스로 설명할 수 있어야 합니다. 이 세 가지가 갖춰지지 않으면, AI는 기술적으로 뛰어나도 진정한 조율자가 될 수 없습니다.

결국 오케스트레이션은 AI의 특정 기능이 아니라 사용자 경험을 바라보는 구조의 전환에서 시작됩니다. 먼저 경험의 흐름이 정의되고 책임의 경계가 정리되며 서비스가 그 안에서 명확한 역할을 갖게 될 때, 비로소 AI는 판단과 조율을 맡을 수 있는 위치에 서게 됩니다

AI 오케스트레이션의 책임 범위: AI의 개입 범위 선정

• •

AI 오케스트레이션을 가능하게 만드는 선결 조건을 정리하고 나면 하나의 중요한 변화가 드러납니다. 그것은 AI를 어떻게 활용할 것인가에 대한 질문 자체가 달라진다는 점입니다.

지금까지 AI로 무엇을 자동화할 수 있는가에 대해 알아보았다면, 이제 질문은 AI가 어떤 경험 흐름을 책임져야 하는가로 이동합니다. 자동화 중심의 접근에서는 AI가 기능 단위로 배치됩니다. 추천을 더 잘하게 만들거나 응답을 빠르게 하고 특정 업무를 대신 처리하는 데 투입됩니다. 이 방식에서는 AI의 성과를 기능별 지표로 평가합니다. 클릭률이나 처리 시간 혹은 정확도와 같은 수치가 중심이 됩니다.

오케스트레이션 관점에서는 이런 지표만으로는 충분하지 않습니다. 중요한 것은 개별 기능의 성능이 아니라 사용자의 목적이 끝까지 이어졌는가 하는 점입니다. 이러한 변화는 기업의 제품 설계 방식에도 직접적인 영향을 미칩니다. 기능 중심 조직에서는 각 팀이 자신의 기능을 최적화하는 데 집중하며, AI 역시 그 기능을 보조하는 도구로 사용됩니다. 반면 AI 오케스트레이션으로 전환한 조직에서 기능은 더 이상 독립적인 완결 단위가 아닙니다. 각 기능과 서비스는 하나의 경험 흐름 안에서 언제 등장하고 언제 사라지는지를 기준으로 재정의됩니다. AI는 이 흐름을 이해하고 다음 행동을 결정하는 조율자로 자리 잡게 됩니다.

이때 중요한 것은 AI에게 무조건 더 많은 권한을 부여하기보다 책임의 범위를 명확히 하는 일입니다. AI가 무엇을 판단하고 무엇을 판단해서는 안 되는지, 어떤 단계에서는 자동으로 움직이고 어떤 단계에서는 사용자의 결정을 남겨두어야 하는지가 구조적으로 정리되어야 합니다. 오케스트레이션은 모든 것을 자동으로 처리하는 상태가 아니라 자동화와 사용자의 선택이 균형을 이루는 상태이기 때문입니다.

실패에 대한 관점도 변화가 필요합니다. 자동화에서는 오류가 곧 실패로 간주되지만, 오케스트레이션에서는 판단의 수정과 경험 흐름의 재조정이 자연스러운 과정의 일부로 포함됩니다. 사용자의 목적은 정해져 있지만 이를 실행하는 경로는 상황에 따라 달라질 수 있기 때문입니다. 이때 AI의 역할은 정답을 강요하기보다 가능한 선택지를 정리하고 흐름을 유지하는 것에 가깝습니다.

결국 경험 오케스트레이션으로의 전환은 AI를 더 똑똑하게 만드는 문제가 아니라 AI가 개입할 수 있는 명확한 영역을 만드는 문제입니다. 구조가 정리되지 않은 상태에서 도입하면, AI는 기능을 보조하는 도구에 머물 수밖에 없습니다. 반대로 경험 흐름이 정의된 구조에서는 비교적 단순한 AI라도 사용자 경험 전체를 조율하는 역할을 수행할 수 있습니다.

자동화와 오케스트레이션 기반 시나리오 비교

Before 자동화가 부분적으로 작동하는 현재의 하루

사용자가 주말 여행을 준비한다고 가정해 보겠습니다. 그는 목적지를 정하기 위해 검색 앱을 열고, 숙소를 찾기 위해 예약 앱을 오가며, 이동 수단을 비교하기 위해 지도와 교통 앱을 확인합니다. 일정은 캘린더에 옮겨 적고, 동행자와의 조율은 메신저로 따로 진행합니다. 각 단계는 분명 빠르고 편리해졌지만, 그 사이를 잇는 역할은 여전히 사용자의 몫으로 남아 있습니다.

이 과정에서 사용자는 단순한 소비자가 아니라, 정보를 모으고 비

교하고 조합하는 결정자이자 조율자 그리고 입력자가 됩니다. 자동화는 각 지점에서 작동하지만, 여행이라는 하나의 목적을 관통하는 경험 흐름은 사용자가 직접 만들어야 합니다.

After 오케스트레이션이 작동하는 미래의 하루

같은 상황에서 사용자는 이렇게 말합니다.

"다음 주말 부산 여행 준비해 줘."

AI는 사용자의 일정과 선호, 예산을 이미 알고 있다는 전제 아래 이동 수단과 숙소, 주요 식당과 방문 동선을 하나의 초안으로 구성합니다. 캘린더에는 자동으로 일정이 배치되고, 필요한 예약처 후보는 정리된 형태로 제안됩니다. 사용자는 세부 옵션을 일일이 탐색하지 않고, 제안된 흐름을 보고 수정하거나 승인하기만 하면 됩니다.

이때 사용자는 더 이상 경험 흐름의 관리자가 아닙니다. 경험을 설계하는 주체는 시스템이며, 사용자는 최종 결정자이자 승인자가 됩니다. 이는 AI의 똑똑함 차이가 아니라 역할의 차이에서 비롯됩니다. 자동화는 개별 작업을 대신해 주지만, 오케스트레이션은 사용자의 목적을 기준으로 여러 자동화와 서비스를 하나의 흐름으로 묶습니다. 사용자의 하루가 바뀌는 지점은 바로 여기에서 시작됩니다.

지금까지 살펴본 자동화와 오케스트레이션의 차이는 단순한 기술 분류가 아닙니다. 이는 기업이 AI를 통해 무엇을 바꾸려하는지에 대한 전략적 선택의 문제입니다. 기능을 더 빠르게 만들 것인가 아니면 경험의 책임 소재를 재설계할 것인가 하는 문제입니다. 이에 대한 답에 따라 AI의 역할도 제품의 모습도 전혀다른 방향으로 전개됩니다.

경험 지휘 구조 설계 시 고려해야 할 필수 기술 조건들

• •

지금까지 우리는 왜 AI가 충분히 발전했음에도 불구하고사용자의 경험은 근본적으로 바뀌지 않았는지를 살펴보았습니다. 자동화는 늘어났지만 경험 흐름은 그대로였고, AI는 부분적인 도움은 줄 수 있었지만 전체를 조율하지는 못했습니다. 그 이유는 AI의 성능이 부족해서가 아니라 AI가 개입할 수 있는 경험구조 자체가 준비되어 있지 않기 때문이었습니다.

그렇다면 사용자의 경험을 조율하는 AI, 즉 오케스트레이션이 실제로 작동하기 위해서는 무엇이 필요할까요? 이 질문에 답하기 위해서는 개별 기술이 아니라 AI가 판단하고 조율할 수 있는 최소한의 구조적인 조건을 살펴볼 필요가 있습니다.

목적 단위의 명확한 정의

지금까지 대부분의 서비스는 기능 단위로 설계되어 왔습니다. 결제나 검색 혹은 예약이나 알림처럼 각 기능은 비교적 명확하게 정의되어 있지만, 사용자가 실제로 달성하려는 목적은 그보다 훨씬 상위에 있습니다. 이동하기나 구매하기 혹은 하루를 정리하기 같은 목적은 여러 서비스와 기기를 거쳐 완성됩니다.

오케스트레이션은 이 사용자의 목적 단위를 기준으로 작동합니다. 목적이 정의되지 않은 상태에서는 AI가 무엇을 시작으로, 무엇을 완료로 판단해야 하는지 알 수 없습니다. 다시 말해 AI가 조율하려면 먼저 어떤 경험을 하나의 흐름으로 묶을 것인지가 구조적으로 드러나야 합니다.

상태의 연속성과 전달 가능성

사용자 경험이 하나의 흐름으로 이어지기 위해서는 이전 단계에서 생성된 상태가 다음 단계로 자연스럽게 넘어갈 수 있어야 합니다. 여기서 말하는 상태란 단순한 데이터가 아니라 사용자가 어디까지 왔는지, 무엇을 이미 결정했는지 그리고 무엇이 아직 남아 있는지를 포함하는 맥락입니다.

지금까지 많은 서비스에서는 이 상태가 서비스 내부에 갇혀 있었습니다. 사용자는 같은 사람이 로그인했지만 서비스들은 같은 상태를 공유하지 않았습니다. 이런 구조에서는 AI가 개입하더라도 매 순간을 새로 판단해야 하며 경험 흐름 전체를 조율할 수 없습니다. 오케스트레이션은 이 같은 상태가 끊기지 않고 이동할 수 있을 때 비로소 의미를 가집니다.

역할 분담이 명확한 서비스 구조

경험을 조율하기 위해서는 각 서비스가 무엇을 잘하는지 그리고 어디까지 책임지는지가 비교적 명확해야 합니다. 모든 서비스를 하나로 합치는 것이 해법은 아닙니다. 오히려 각 서비스가 자신들의 역할을 유지한 채 언제 개입하고 언제 물러나야 하는지가 구조적으로 정리되어 있을 때, AI가 개입해 조율이 가능해집니다. AI는 모든 일을 직접 수행하는 주체가 아니라 적절한 시점에 적절한 역할을 호출하고 연결하는 조율자입니다. 이 조율이 가능하려면 서비스 간 경계와 역할이 모호해서는 안 됩니다.

신뢰 가능한 계정과 권한의 기준

AI가 사용자를 대신해 경험 흐름을 판단하고 실행하기 위해서는 무엇을 할 수 있고 무엇을 하면 안 되는지가 명확해야 합니다. 이는 단순한 보안의 문제가 아니라 경험의 신뢰와 직결되는 사안입니다. 사용자는 AI가 대신 실행하는 행위에 대해 통제할 수 있고 그 범위가 예측 가능해야 합니다. 오케스트레이션은 무제한적인 권한 위에서 작동하지 않습니다. 그보다는 오히려 명확히 제한된 권한과 책임 구조 위에서 안정적으로 작동합니다. 이 기준이 없을 경우 AI는 편리함보다 불안감을 먼저 만들어냅니다.

가변적 대응 구조인 복원력

경험은 언제나 계획대로만 흘러가지 않습니다. 서비스가 응답하지 않을 수도 있고, 사용자의 상황이 바뀔 수도 있습니다. 오케스트레이션은 완벽한 흐름을 가정하는 구조가 아니라, 흐름이 깨졌을 때 어떻게 복원할 것인가를 포함하는 구조입니다. AI가 언제 멈추고 언제 사용자에게 판단하는 여한을 되돌려준 것인지에 대한 기준 역시 이 구조 안에 포함되어야 합니다. 이는 기술적 완성도가 아니라 경험 설계의 성숙도에 관한 문제입니다.

이 지점에서 경험 설계의 시작인 사용자의 목적과 관련해

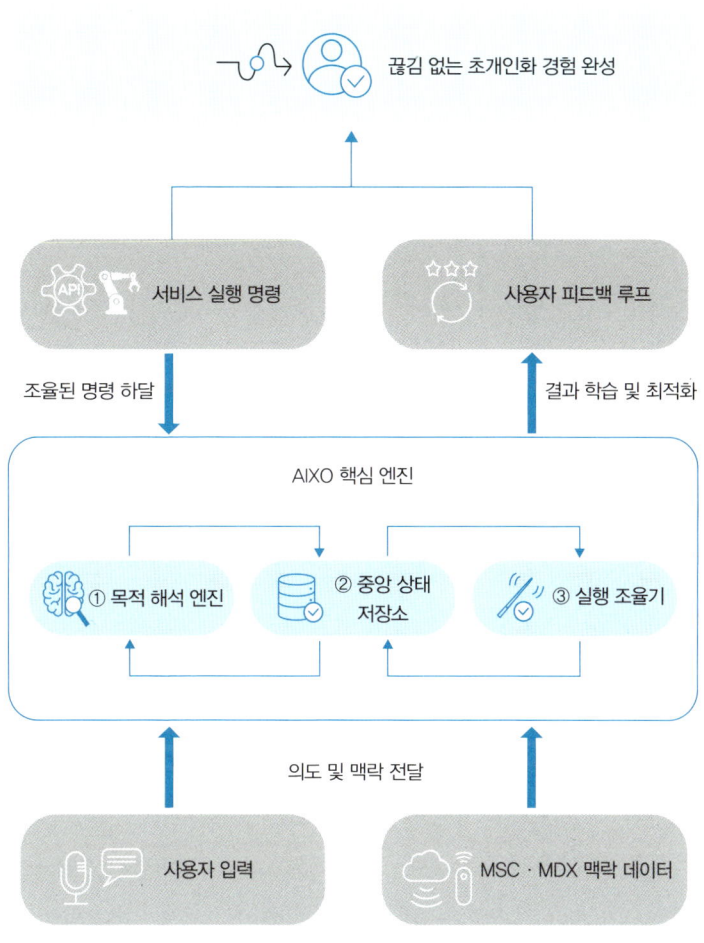

끊김 없는 초개인화 경험 완성

서비스 실행 명령

사용자 피드백 루프

조율된 명령 하달

결과 학습 및 최적화

AIXO 핵심 엔진

① 목적 해석 엔진

② 중앙 상태 저장소

③ 실행 조율기

의도 및 맥락 전달

사용자 입력

MSC · MDX 맥락 데이터

《 AIXO의 기술적 조건 및 작동 원리 》

많은 사람이 범하는 몇 가지 중요한 오해를 짚고 넘어갈 필요가 있습니다.

첫째, 사용자의 목적은 매우 다양하고 그 목적에 도달하는 방식 역시 무한에 가깝습니다.

그렇다면 이 모든 여정을 미리 정의하고 완결된 시나리오로 설계하는 것이 가능할까요? 결론부터 말하자면 그것은 가능하지도 바람직하지도 않습니다. 경험 오케스트레이션의 핵심은 모든 경로를 미리 설계하는 데 있지 않습니다. 경로가 아니라 상태를 중심으로 유연하게 대응할 수 있는 구조를 만드는 데 핵심이 있습니다.

사용자의 행동은 예측할 수 없지만 사용자가 어디까지 왔는지, 무엇을 결정했는지 그리고 무엇이 남아 있는지는 구조화할 수 있습니다. 오케스트레이션은 사용자의 현재 상태를 기준으로 필요한 서비스를 그때그때 호출하며 흐름을 구성합니다. 목적은 유지하되, 경로는 상황에 따라 재구성되는 구조입니다.

둘째, 사용자의 목적은 단일하고 고정된 개념이 아닙니다.

사용자의 목적은 마치 양파처럼 여러 층으로 구성되어 있습니다. 가장 표면적인 수준에서는 버튼을 누르고 기능을 실행하는 것이 목적처럼 보일 수 있습니다. 송금하기·예약하기·검색하기와 같은 행동은 분명 그 자체로 하나의 완결된 목적인 것처럼 보이지만, 그 이면에는 더 상위의 목적이 존재합니다. 계산을 마무리하고 싶다, 계획을 안정시키고 싶다, 불안을 줄이고 싶다, 혹은 스스로 잘 관리하고 있다는 만족감을 얻고 싶다 같은 욕구입니다. 이 상위의 목적은 훨씬 추상적이고, 단일한 기능으로 포착하기 어렵습니다.

중요한 것은 경험 설계에서 어느 수준의 목적을 다룰 것인가는 자연적으로 주어지는 것이 아니라 공급자가 선택하는 영역이라는 사실입니다. 모든 서비스가 인간의 욕망이나 정체성 수준까지 책임져야 하는 것은 아닙니다. 어떤 서비스는 기능 수준의 목적만을 충실히 해결해도 충분할 수 있고, 어떤 서비스는 그보다 한 단계 위의 맥락까지 다루는 것을 목표로 할 수 있습니다.

문제는 목적의 '높이'가 아니라, 선택한 목적의 수준에 대해 구조적으로 일관되게 대응하고 있는가 하는 점입니다. 이 선택에는 명확한 대가가 따릅니다. 더 높은 수준의 목적을 해결하려 할수록, AI가 조율해야 할 상태의 종류는 기하급수적으로 늘어납니다. 단순한 기능 실행을 넘어서면 사용자의 이전 선택과 맥락, 감정적 상태와 선호의 변화까지 모두 조율의 대상이 됩니다. 이는 곧 더 많은 서비스와 더 많은 기능, 더 많은 예외 상황을 하나의 흐름 안에서 관리해야 함을 의미합니다. 다시 말해 목적의 수준을 높게 설정할수록 오케스트레이션의 난도는 급격히 상승합니다. 이 문제를 제대로 해결하면 사용자의 선택을 받는 것은 당연한 수순입니다.

경험 오케스트레이션은 '얼마나 거창한 목적을 선언했는가'가 아니라, '선택한 목적 수준에 맞는 상태 정의와 조율 구조를 실제로 준비했는가'의 문제로 귀결됩니다. 높은 수준의 목적을 이야기하면서도 여전히 기능 단위의 상태만을 공유하고 있다면, 그 오케스트레이션은 필연적으로 어긋나게 됩니다. 반대로 비교적 낮은 수준의 목적이라 하더라도 이를 끝까지 책임질수 있는 상태 관리와 조율 구조가 갖춰져 있다면, 사용자에게는 충분히 자연스러운 경험으로 인식될 수 있습니다.

결국 AI 오케스트레이션의 성숙도는 기술의 성능보다 어떤 수준의 목적을 정의하고 이를 끝까지 떠받칠 구조를 설계했는가에 의해 결정됩니다. 목적을 높게 설정하는 것은 전략의 문제이고, 그 목적을 실제 경험으로 풀어내는 것은 구조와 실행의 문제입니다.

조직은 자신들의 소통 구조와 닮은 시스템을 만든다

지금까지 살펴본 사용자 목적의 정의, 상태의 연속성, 역할 분담, 권한과 신뢰 그리고 가변적 대응 구조는 모두 AI 경험 오케스트레이션이 작동하기 위한 필수 조건입니다. 그러나 많은 사람이 이 조건들이 실제 서비스 환경에서 제대로 구현되지 못하는 이유를 종종 기술의 한계 때문이라고 오해하곤 합니다. 대개 그보다 더 근본적인 원인은 조직의 구조에 있는 경우가 많습니다.

이러한 현상은 새로운 이야기가 아닙니다. 소프트웨어 공학 분야에는 오래전부터 콘웨이의 법칙(Conway's Law)이라는 개념이 존재해 왔습니다. 기능 단위로 나뉜 조직은 기능 단위로 분절된 시스템을 만들고, 사일로화된 팀 구조는 사일로화된 경험을 만들어냅니다. 다시 말해 사용자가 겪는 경험의 단절은 기술적 실패라기보다, 조직이 세상을 바라보고 일하는 방식이 그대로 투영된 결과에 가깝습니다.

조직의 소통 구조가 제품의 구조로 나타난다는 콘웨이의 법칙은 경험의 단절을 이해하는 데 중요한 단서를 제공합니다. 대출·예금·카드처럼 내부 조직이 서비스 단위로 나뉜 방식이 그대로 앱의 메뉴와 서비스 경계로 투영되면서, 사용자는 자신의 목적을 달성하기 위해 조직이 나누어 놓은 경계를 직접 넘나들어야 합니다. 기능 단위로 분절된 조직에서는 각 팀이 자신의 영역 안에서만 최적화를 추구하고, 팀과 팀 사이에서 발생하는 경험의 공백에서는 누구도 책임지지 않는 구조적 방관이 고착화하기 쉽습니다.

이러한 문제는 성과 지표를 통해 더욱 강화됩니다. 각 조직이 활성 사용자 수나 클릭률처럼 개별 기능의 지표에만 집중하면, 이는 사용자에게 불필요한 선택과 알림을 늘리고 전체 여정의 흐름을 방해하는 결과로 이어집니다. AI 경험 오케스트레이션이 요구하는 것은 기능의 성공이 아니라 목적의 완결이지만, 조직의 평가 기준이 이를 뒷받침하지 못하는 경우가 많습니다.

경험을 조율하는 AI가 실제로 작동하기 위해서는 조직 역시 기능 중심이 아니라, 사용자의 목적과 여정을 중심으로 재편될 필요가 있습니다. 송금 기능을 만드는 팀이 아니라 계산이라는 목적을 끝까지 책임지는 팀으로, 검색 결과를 제공하는 조직이 아니라 의사결정 여정 전체를 관리하는 조직으로 책임 단위를 재정의해야 합니다. 그 결과 서비스 사이 공백이 조직 내부의 문제로 흡수되고, AI가 조율할 수 있는 구조적 기반이 구축되게 됩니다.

AI 시대의 리더십 또한 이 지점에서 역할이 달라집니다 리더는 더 이상 개별 기능의 진행 상황을 관리하는 사람이 아니라, AI가 어느 수준까지 자동으로 판단하고 어느 지점에서 사용자에게 주도권을 돌려줄지를 설계하는 구조적 설계자가 되어야 합니다. 오케스트레이션 과정에서 발생할 수 있는 오류나 예외를 사용자의 피로로 전가하지 않고, 시스템 차원에서 복원할 수 있는 기준을 마련하는 것 역시 리더의 책임입니다.

결국 AI 경험 오케스트레이션은 기술의 문제가 아니라 구조의 문제입니다. 조직이 사용자의 목적과 흐름을 중심으로 충분히 구조화될 때, AI는 기능을 넘어 경험을 지휘할 수 있는 존재가 됩니다. AI가 사용자의 경험을 바꿀 준비가 되었을 때가 아니라, 경험과 조직이 AI에게 조율을 맡길 준비가 되었을 때 변화가 시작됩니다.

AI 경험 오케스트레이션: AIXO

지금까지 살펴본 구조를 하나의 개념으로 묶어보면, 우리는 AI를 더 이상 기능을 수행하는 도구로만 바라볼 수 없다는 결론에 도달하게 됩니다. 여기서 말하는 AI는 개별 작업을 빠르게 처리하는 자동화 엔진이 아니라, 사용자의 목적을 기준으로 여러 서비스와 기능, 상태를 엮어 경험 전체를 조율하는 존재에 가깝습니다.

우리는 이러한 역할을 AI 경험 오케스트레이션(AIXO, AI eXperience Orchestration)이라고 명명했습니다. AIXO는 새로운 기술 스택이나 특정 제품을 의미하지 않습니다. 그것은 AI를 어디에 쓰느냐의 문제가 아니라, AI에게 무엇을 맡길 수 있도록 경험을 어떻게 구조화하느냐에 대한 관점입니다. 목적이 정의되어 있고 상태가 흐를 수 있으며, 역할과 책임이 분리되어 있고 신뢰와 회복의 기준이 마련된 구조에서, AI는 비로소 경험을 대신 실행하는 주체가 아니라 흐름을 지휘하는 조율자가 될 수 있습니다.

이러한 관점에서 보면 지금까지 우리가 활용해 온 많은 AI 기능은 오케스트레이션의 일부일 뿐 그 자체로 완성된 답은 아닙니다. 추천이나 자동 입력 그리고 응답 생성은 모두 유용하지만, 사용자의 하루 전체를 하나의 흐름으로 엮어주지는 못했습니다. AIXO는 이러한 자동화 기능들을 상위 단계에서 묶어 언제 무엇을 쓰고 언제 멈추어야 하는지를 판단하는 역할을 전제로 합니다. 이것이 바로 우리가 자동화를 넘어 오케스트레이션으로 이동해야 하는 이유입니다.

❶ **자동화 대 오케스트레이션** 기존 AI는 개별 작업을 대신하는 자동화 도구에 머물렀지만, 진정한 혁신은 여러 자동화를 엮어 흐름을 지휘하는 오케스트레이션에서 나옵니다.

❷ **AI 경험 오케스트레이션** AI가 사용자 경험의 조율자가 되기 위해서는 목적 정의, 상태 공유, 역할 분담, 신뢰와 권한, 복원력이라는 다섯 가지 구조적 조건이 갖추어져야 합니다.

❸ **판단의 위임** AI에게 단순히 기능의 실행을 명령하는 것이 아니라, 언제 무엇을 할지 판단할 수 있는 권한과 책임을 적절히 위임해야 합니다.

실무
적용
가이드

AI 조율자 도입 준비하기

❶ AI 개입 시점 설계 전체 사용자 여정에서 AI가 자동으로 처리할 구간과 사용자에게 승인을 받아야 할 구간을 명확히 구분하세요.

❷ 상태 파이프라인 구축 AI가 판단의 근거로 삼을 수 있도록, 사용자의 현재 진행 상태가 서비스 전체에서 실시간으로 공유되는 구조를 만드세요.

❸ 실패 시나리오 마련 AI의 판단이 틀리거나 서비스가 응답하지 않을 때, 사용자에게 주도권을 돌려주거나 안전하게 복구할 수 있는 대안 경로를 반드시 설계에 포함하세요.

5장

AI 에이전트 지휘자로의 성장

― 핵심 질문과 실행 계획

지금까지 우리는 사용자 경험이 어떤 구조 위에서 설계되어야 하는지를 단계적으로 살펴보았습니다. MDX, MSC 그리고 AIXO은 개별 기술의 목록이 아니라 새로운 사용자 경험 질서의 구조입니다. 이러한 구조는 단순히 기술의 조합을 설명하기보다 사용자가 기술을 사용하는 방식, 기업이 서비스를 설계하는 방식 그리고 사회가 기술과 관계를 맺는 방식 자체를 바꾸는 변화의 출발점이 됩니다.

그렇다면 이런 구조가 실제로 작동하는 세상은 어떤 모습일까요? 만약 사용자가 더 이상 기술을 직접 조작하지 않아도 되고, AI가 사용자의 행동을 예측해 경험의 흐름을 설계하는 환경이 실현된다면, 우리가 사는 세상은 어떻게 달라질까요? 사용자는 기술을 이해하고 선택하는 과정에서 점점 멀어지게 되지 않을까요? 기업은 이러한 환경을 이용해 사용자의 선택을 교묘하게 유도하며 이익을 극대화하려 들지 않을까요? 나아가 데이터와 알고리즘을 통제하는 주체가 사회와 개인의 행동에 과도한 영향력을 행사하게 될 가능성은 없을까요?

바로 이 지점에서 우리는 기술의 가능성을 넘어 보다 근본적인 질문과 마주하게 됩니다. '우리는 이 기술들을 통해 어떤 세상을 만들고 싶은가?' 이 질문을 깊이 있게 고민하고 사회적 합의를 이끌어 나가는 과정이야말로 기술의 파도에 휩쓸리지 않고 기술을 주체적으로 활용해 더 나은 미래를 설계하기 위한 첫걸음이 될 것입니다.

미래 준비를 위한
다섯 가지 근본적인 질문

• •

미래 기술의 방향은 오늘 어떤 질문을 던지느냐에 의해 결정됩니다. AI가 경험을 설계하는 시대를 준비하기 위해 개인, 교육, 기업, 산업 그리고 국가는 다섯 가지 질문을 진지하게 고민해야 합니다.

첫 번째는 개인의 존재 가치에 대한 질문입니다. 'AI가 나보다 더 유능해진다면, 나는 무엇으로 존재 가치를 증명할 것인가?' AI가 생산성과 창의성 영역에서 인간을 상당 부분 대체할 시대에, 단순히 어떤 직업을 갖고 무슨 일을 하는가로 자신을 정의하는 방식은 더 이상 유효하지 않을 수 있습니다. 더 나아가 AIXO가 우리의 경험을 정교하게 설계하고 조정하는 세상에서 내가 느끼는 감정과 내리는 선택들이 과연 온전히 '나의 것'이라고 말할 수 있는지, 그 주체성의 경계에 대해 심도 깊은 고민이 필요합니다.

두 번째는 교육의 목적에 대한 질문입니다. '모든 지식과 정보가 거의 무료로 실시간 제공된다면, 앞으로의 교육은 무엇을 목표로 삼아야 하는가?' AI가 언제든 즉각적으로 정답과 원하는 지식을 제공하는 시대에, 기존의 학교와 교육 시스템이 추구해온 목적은 근본적으로 도전을 받고 있습니다. 이제 교육의 초점은 단순한 지식 전달에서 벗어나야 합니다. 대신 올바른 질문을 던지는 힘, 상황을 주체적으로 판단하는 힘 그리고 타인과 함께 살아가는 힘을 어떻게 가르치고 기를 것인가에 대한 치열한 고민이 필요합니다.

　세 번째는 기업의 윤리와 가치에 대한 질문입니다. '기술을 통해 고객을 조종할 수 있는 힘까지 손에 넣는다면, 과연 기업은 무엇을 팔아야 하는가?' 초개인화 기술과 강력한 록인(Lock-in) 전략이 고도화될수록, 고객에게 진정한 도움을 주는 것과 고객을 교묘하게 조종하는 것 사이의 경계는 모호해지기 쉽습니다. AI 시대에 기업이 최종적으로 고객에게 제공하고 판매해야 하는 가치는 단순한 제품이나 경험이 아닌 신뢰 그 자체입니다.

　네 번째는 산업 생태계의 구조에 관한 질문입니다. '데이터와 AI 생태계는 공생 구조로 발전할 것인가, 아니면 극단적 승자 독식 구조로 수렴할 것인가?' '서로 다른 산업 간에 데이터 연합이 형성되고 공동의 생태계가 만들어질 때, 그 안에서 생성되는 방대한 데이터의 소유권과 통제 권한은 누구에게 귀속되어야 하는가?' 소수의 거대한 글로벌 AI 플랫폼에 대한 의존도가 심화된다면 우리는 이 생태계의 주체로 설 수 있을지, 아니면 플랫폼 속의 디지털 식민지로 전락하게 될지 냉철하게 따져봐야 합니다.

　마지막 다섯 번째는 국가의 역할에 대한 질문입니다. '고도화된 AI 국가 플랫폼은 우리에게 빅브라더가 될 것인가, 아니면 든든한 조력자가 될 것인가?' '국가가 국민 개개인의 디지털 트윈(Digital Twin)을 구축하고 이를 바탕으로 선제적인 행정 서비스를 제공할 수 있게 된다면, 우리는 어디까지를 편리한 복지로 받아들이고 어디서부터를 심각한 감시와 통제로 여길 것인가?' 국가가 마련하는 AI 관련 규제와 인증 제도가 국민을 보호하기 위한 최소한의 안전 장치로 기능할지, 아니면 표현의 자유와 건전한 비판을 위축시키는 수단으로 변질될 위험은 없는지 철저히 경계하고 감시해야 합니다.

이 다섯 가지 근본적인 질문에 대한 정답을 찾기 위해서는 깊은 고민과 다양한 주체 간 진지한 토론과 의견 수렴의 과정이 필요합니다. 여기서는 개인, 교육, 기업, 산업, 국가라는 다섯 가지 주체가 지금 당장 시작할 수 있는 첫 단계 실행 미션을 제안합니다. 이는 먼 미래를 대비하는 거창한 계획이 아니라, 오늘부터 우리의 일상과 업무 현장에서 작게라도 변화를 이끌어낼 수 있는 구체적인 행동 지침입니다.

개인: AI의 수동적 소비자에서 능동적 창조자로 레벨업

• •

개인은 AI를 단순한 도구나 손발 정도로 여기는 수동적인 태도에서 벗어나, 두뇌 확장의 수단으로 활용하는 능동적인 창조자가 되어야 합니다. AI에게 끌려 다니기보다, AI를 도구로 삼아 나만의 지적·창의적 활동을 극대화하는 파워 유저로 거듭나야 합니다.

AI를 두뇌 확장 도구로 활용하고, 질문·편집·조합을 통해 새로운 가치를 만들어내는 주체적인 사용자로 성장하기 위해 개인은 네 가지를 수행해야 합니다.

첫째, 나만의 AI 사용 매뉴얼인 프롬프트북을 만들어야 합니다. 역할·페르소나 부여, 자주 쓰는 작업 흐름 등을 체계적으로 정리해 봅니다.

둘째, AI 교차 검증 루틴을 정리해야 합니다. 특정 AI 도구를 맹신하기보다 여러 AI, 검색엔진, 신뢰할 수 있는 자료 등을 통해 교차 검증하는 습관을 기릅니다.

셋째, 데이터 주권·디지털 위생을 관리해야 합니다. 광고

개인화 설정, 위치 추적 옵션, 개인정보 대시보드 등을 주기적으로 점검하고, 필요시 추적 방지 도구를 적극적으로 활용하여 내 데이터가 어떻게 쓰이는지를 통제하는 감각을 익힙니다.

넷째, 평생 재창조 시스템을 가동해야 합니다. 온라인 강의 수강, 개인 프로젝트 진행, 다양한 실험 결과 등을 포트폴리오로 기록하고, 작은 사이드 프로젝트를 통해 AI를 꾸준히 활용하며 단순한 공부가 아닌 실질적인 활용 경험을 쌓습니다.

교육: 지식 주입 공장에서 초개인화된 성장 파트너로 시스템 재설계

• •

교육은 더 이상 정해진 지식을 일방적으로 주입시키는 공장이 되어서는 안 됩니다. AI를 학생 개개인의 잠재력을 극대화하는 성장 파트너로 활용하고, 교실을 창의적 협업과 문제 해결 능력을 키우는 실험실로 재설계해야 합니다.

AI를 보조 교사이자 학습 파트너로 활용하여 학생 개개인의 잠재력, 호기심, 질문 능력을 키우는 시스템을 만들기 위해서는 네 가지 인프라가 구축되어야 합니다.

첫째, AI를 활용한 프로젝트 기반 학습 교육(PBL, Project-Based Learning) 플랫폼을 마련해야 합니다. '우리 동네 미세먼지 데이터 분석'과 같이 여러 교과의 지식을 융합하여 실제 문제를 해결하는 프로젝트를 운영하고, 이 과정에서 AI를 분석 및 탐색 도구로 적극 활용합니다.

둘째, 질문 중심 평가 체계를 도입해야 합니다. 단순한 정답 개수를 따지기보다 좋은 질문을 설계하는 능력, 탐구 과정의 깊이, 협업 기여도 등을 평가에 반영하는 디지털 평가기준표를 도입합니다.

셋째, AI의 윤리적·사회적 영향을 토론하는 환경을 구축해야 합니다. 불가피한 사고 상황에서 누구의 안전을 우선할 것인가 하는 자율주행차의 딜레마, 데이터 편향성 문제 등 정답이 없는 주제에 대해 AI와 함께 시뮬레이션하고 토론하며 기술의 윤리적·사회적 책임을 다루는 교육 과정을 마련합니다.

넷째, 지능형 학습관리시스템(LMS, Learning Management System)과 교사 대시보드를 도입해야 합니다. AI를 통해 학생 개개인의 학습 상태를 실시간으로 파악하고 반복 학습이나 기초 지식 보완을 지원함으로써, 교사가 학생과의 관계 형성, 멘토링, 깊이 있는 질문에 기반한 지도에 집중할 수 있는 환경을 만듭니다.

기업: AI 도입 조직에서 지능형 경험 조직으로 대전환

• •

기업은 단순히 최신 AI 기술을 도입하는 데 그쳐서는 안 됩니다. AI와 데이터를 조직의 두뇌와 신경망으로 삼고, 고객 경험 향상을 최상위 목표로 두는 '지능형 경험 조직'으로 근본적인 체질 개선이 이루어져야 합니다. 이는 데이터·AI·현장 인사이트를 기반으로 학습·실험·개선을 반복하는 지능형 경험 조직으로의 대전환을 의미합니다.

지능형 경험 조직으로 대전환하기 위해 기업은 네 가지 요소를 마련해야 합니다.

첫째, AI 페르소나·브랜드 경험 가이드를 구축해야 합니다. 기업의 브랜드 철학에 부합하는 AI의 말투·사과 방식·고객 응대 원칙 등을 명확히 정의하고, 이를 AI 에이전트·챗봇·서비스 전반에 일관되게 적용합니다.

둘째, 전사 고객데이터플랫폼(CDP, Customer Data Platform)을 마련해야 합니다. 마케팅·고객 서비스·영업 등 각 부서에 흩어져 있는 고객 데이터를 통합하여, 고객의 행동·맥락·선호를 한눈에 파악할 수 있는 360도 뷰를 구축합니다.

셋째, 실험·학습 플랫폼과 안전한 실패 문화를 형성해야 합니다. AB 테스트·카나리 배포(Canary Deployments)·파일럿 프로젝트 등을 체계화하고, 실패를 단순한 비용이 아닌 귀중한 학습 자산으로 기록하고 공유하는 조직 문화를 만듭니다.

넷째, AIXO 실행 로드맵을 수립해야 합니다. ① 데이터·플랫폼 기반 구축 ② 우선 과제 파일럿 스쿼드 운영 및 성과 검증 ③ 검증된 모델·서비스의 내부 API와 플랫폼 재사용화 ④ 외부 파트너 연계를 통한 개방형 생태계 확장으로 이어지는 단계적 로드맵을 수립하고 실행합니다.

산업: 업종의 경계를 넘어 AI 연합군과 공동의 작업 룰 설계

● ●

개별 기업 간의 경쟁을 넘어, 산업 전체의 데이터를 안전하게 연결하고 공유하여 글로벌 거대 플랫폼에 맞설 수 있는 국가 대표 AI 생태계를 구축하여 경쟁과 협력이 공존하는 새로운 게임의 룰을 만들어 나가야 합니다. 산업 전체가 경쟁력을 키우는 개방형의 안전한 데이터·AI 생태계를 구축하기 위해서는 세 가지 인프라가 필요합니다.

첫째, 데이터 공유 고속도로(표준+보안)입니다. 산업별로 공통된 데이터 스키마와 API 표준을 마련하고, 개인정보 보호 등 프라이버시를 철저히 지키면서도 데이터 분석과 활용이 가능한 보안 데이터 거래 및 연합 학습 인프라를 구축합니다.

둘째, 개방형 혁신 샌드박스입니다. 비식별 조치된 데이터를 활용하여 스타트업이나 연구기관이 실제 데이터 기반으로 AI 모델을 자유롭게 시험해 볼 수 있는 테스트 환경을 조성하고, 대기업은 이를 통해 새로운 파트너와 혁신적인 아이디어를 발굴합니다.

셋째, 국가·산업 단위 데이터 얼라이언스입니다. 통신·금융·유통·모빌리티 등 주요 산업의 대표 기업들이 참여하여 '라이프 맥락 데이터 플랫폼'을 공동으로 구축함으로써, 글로벌 플랫폼이 쉽게 확보하기 어려운 '현지화된 통합 맥락 데이터' 경쟁력을 확보합니다.

국가: 기술을 쫓는 규제자에서 판을 짜는 설계자로 변신

• •

국가는 기술 발전 속도를 뒤쫓으며 규제하는 역할에 머물러서는 안 됩니다. 인간 중심의 철학을 바탕으로 디지털 사회의 새로운 법규와 인프라를 제시하는 설계자가 되어야 합니다. 누구도 AI 시대의 변화에서 소외되지 않도록 튼튼한 사회적 안전망과 평생 학습 인프라도 갖추어야 합니다.

인간 중심의 철학을 확립하고 사회·기업과 함께 활용할 수 있는 디지털 공공 인프라를 설계하기 위해 국가는 세 가지 과제를 수행해야 합니다.

첫째, 디지털 권리장전·AI 기본법을 수립해야 합니다. 데이터 주권·AI의 책임 범위·차별 금지 원칙·알고리즘 투명성 기준 등을 법적으로 명확히 규정하고, 신뢰할 수 있는 AI 인증 및 평가 체계를 도입하여 국민이 안심하고 AI를 활용할 수 있는 최소한의 안전장치를 마련합니다.

둘째, 전 국민의 AI 기초 체력을 강화해야 합니다. 공교육과 평생교육 전반에 걸쳐 AI 리터러시 교육을 확대하고, 디지털 포용 센터 운영, 학습 바우처 제공 등을 통해 AI 활용 격차가 사회적·경제적 격차로 이어지지 않도록 촘촘한 안전망을 구축합니다.

셋째, 지능형 국가 플랫폼·국민 비서 에이전트를 제공해야 합니다. 부처별로 분절된 데이터 사일로를 해소하기 위해 범정부 차원의 마이데이터 허브를 구축하고, 이를 기반으로 국민 개개인의 상황과 필요에 맞춰 행정·복지·생활 정보를 선제적으로 안내하는 국민 비서형 AI 에이전트를 서비스합니다.

❶ **개인의 존재 가치** AI가 나보다 더 유능해진다면, 나는 무엇으로 존재 가치를 증명할 것인가?

❷ **교육의 목적** 모든 지식과 정보가 거의 무료로 실시간 제공된다면, 앞으로의 교육은 무엇을 목표로 삼아야 하는가?

❸ **기업의 윤리와 가치** 기술을 통해 고객을 조종할 수 있는 힘까지 손에 넣는다면, 과연 기업은 무엇을 팔아야 하는가?

❹ **산업 생태계의 구조** 데이터와 AI 생태계는 공생 구조로 발전할 것인가, 아니면 극단적 승자 독식 구조로 수렴할 것인가?

❺ **국가의 역할** 고도화된 AI 국가 플랫폼은 우리에게 빅브라더가 될 것인가, 아니면 든든한 조력자가 될 것인가?

기능의 확장을 넘어 구조의 전환으로

이 책은 기술의 비약적 발전에도 불구하고 사용자가 체감하는 일상의 복잡성은 오히려 증가했다는 문제 의식에서 출발했습니다. 기술은 놀랍도록 진화하고 있는데, 왜 우리의 경험은 여전히 파편화되어 있는가 하는 질문에 대한 답을 찾는 과정이었습니다.

기술이 발전한 만큼 사용자의 경험이 나아지지 못한 이유는 기술의 부족이나 지능의 한계보다, 기기와 서비스가 사용자의 목적을 중심으로 통합되지 못한 구조적 결핍에서 비롯되었다고 볼 수 있습니다. 기기의 수는 증가했으나 상호 연동성이 부족하여 유기적으로 작동하지 못했고, 서비스는 고도화되었으나 개별 영역에 머물러 연속적인 사용자 경험의 흐름을 형성하지 못했습니다.

그 결과 개별 기기와 서비스를 연결하고 조율하는 부담은 고스란히 사용자에게 전가되었습니다. 사용자는 단순한 소비자를 넘어 매 순간 정보를 직접 조합하고 판단해야 하는 경험의 조율자 역할을 수행해야 했습니다. 이러한 인지적 부담의 누적은 결국 구조적인 경험 피로를 초래했습니다.

진단과 처방의 관점에서 저자들은 자동화를 넘어 오케스트레이션으로 나아가야 함을 강조했습니다. 2장과 3장에서는 경험의 단절 문제를 기기와 서비스의 관점에서 분석했습니다. 다중 기기 환경에서 기기 간 지속성과 맥락적합성의 부재는 경험의 물리적 단절을 초래하며, 다중 서비스 환경에서는 서비스 간 공백이 사용자 경험의 연속성을 저해하는 주된 요인으로 작용합니다. 이 두 현상의 본질적 원인은 동일합니다. 사용자의 목적과 상태 정보가 시스템 전체에 공유되지 않는다는 점입니다.

4장에서 제안한 AI 오케스트레이션은 이러한 구조적 문제를 해결하기 위한 접근입니다. 기존의 AI 활용은 주로 정해진 작업을 효율적으로 수행하는 자동화에 집중되어 있었습니다. 자동화는 개별 단위 업무의 생산성을 높이는 데 기여했으나, 분리된 프로세스를 통합하고 전체 흐름을 조율하는 데에는 한계를 보였습니다. 이는 AI 모델의 성능 문제가 아니라 AI의 역할이 개별 기능의 최적화에 국한되었기 때문입니다.

단위 업무의 자동화만으로는 통합된 경험 구조를 구축할 수 없습니다. 사용자 경험의 혁신을 위해서는 기술적 관점의 전환이 필요합니다. AI를 통한 경험의 진화는 모델의 거대화가 아닌 조율의 대상과 방식이 명확히 정의된 구조적 토대 위에서만 가능합니다.

오케스트레이션 구조가 보편화되면 단순한 기능의 증가를 넘어 경험의 차원이 근본적으로 전환될 것입니다. 이는 크게 두 가지 축을 중심으로 이루어질 것으로 전망됩니다.

첫째는 경험 환경의 물리적 확장입니다. 미래의 사용자 경험은 스마트폰 애플리케이션의 경계를 넘어 물리적 공간과 상황 전반으로 확장될 것입니다. 생활 환경 지능, 이른바 '앰비언트 인텔리전스(Ambient Intelligence)'의 도래로 기존의 화면 중심 인터페이스는 음성이나 시선 혹은 제스처 같은 다양한 감각이 융합된 멀티모달 환경으로 진화할 것입니다. 조명이나 온도 그리고 소리나 움직임과 같은 환경 변수들은 개별 기기의 설정값이 아니라 AI에 의해 사용자의 상태와 목적에 최적화된 통합 환경으로 실시간 조율됩니다. 이는 기술이 사용자의 인식 전면에 드러나는 것이 아니라 환경과 맥락 속에 내재화되어, 사용자가 인터페이스 조작보다 경험 그 자체에 집중할 수 있는 비가시적 기술 환경이 구축됨을 의미합니다.

둘째는 산업 생태계의 재편, 즉 서비스 공생입니다. 경험의 기준이 기능에서 목적으로 바뀜에 따라, 단일 기업이나 서비스가 독자적으로 완결된 가치를 제공하는 방식은 구조적 한계에 직면할 것입니다. 그 대신 이종 산업과 서비스가 표준화된 인터페이스를 기반으로 데이터를 실시간 교환하고 역할을 분담하는 초연결 연합 모델이 부상할 것입니다. 시장의 경쟁 단위는 개별 기능의 우열에서 어떤 연합체가 사용자의 목적을 단절 없이 완결하는가로 이동하게 됩니다.

이러한 연결성을 확보하기 위해서는 데이터 공유에 따른 잠재적 리스크 관리가 선행되어야 합니다. 추상적인 신뢰가 아닌 기업 간 데이터 공유 범위와 권한 위임을 시스템적으로 보증하는 데이터 계약과 같은 인프라가 필수적입니다. 신뢰 프로세스를 비용이 아닌 자산으로 전환하는 구조적 토대가 마련될 때, 비로소 지속 가능한 개방형 생태계가 작동할 수 있습니다. (미래 경험의 확장 방향에 대한 전망은 부록 1을 참고하세요.)

오케스트레이션이 제시하는 미래는 기술적 진보만으로 완성되지 않습니다. 이는 개인과 기업 그리고 국가 등 사회 각 주체에게 새로운 역할 정의와 책임 구조의 수립을 요구합니다. 가장 시급한 과제는 구조적 윤리와 통제권의 확립입니다. AI가 사용자의 의도를 예측하고 선제적으로 개입하는 빈도가 높아질수록 개입의 허용 범위와 중단 시점의 설계가 핵심 이슈로 부상하게 될 것입니다. 진정한 오케스트레이션은 무조건적인 자동화가 아닙니다. AI가 최적의 경로를 제안하더라도 최종적인 의사결정권은 언제나 사용자에게 귀속되도록 보장하는 구조적 윤리가 전제되어야 합니다.

마지막 장에서는 이러한 변화가 우리 사회에 던지는 다섯 가지 근본적인 질문을 정리했습니다. 개인은 AI가 나보다 더 유능해진다면, 나는 무엇으로 존재 가치를 증명할 것인가를 고민해야 합니다. 교육은 지식 전달을 넘어 질문과 판단 능력을 어떻게 기를 것인가를 다시 정의해야 합니다. 기업은 초개인화 기술을 통해 얻은 영향력을 어떻게 고객의 신뢰를 얻는 방향으로 사용할 것인가를 고민해야 합니다. 산업 생태계는 데이터와 AI를 둘러싼 경쟁이 공생 구조로 발전할 것인가, 아니면 승자 독식 구조로 수렴할 것인가를 선택해야 합니다. 국가는 AI 기반 행정과 데이터 인프라가 시민의 삶을 돕는 조력자가 될 것인가, 과도한 감시와 통제의 장치가 될 위험은 없는가를 점검해야 합니다. 이러한 질문들은 거창한 미래 담론이 아니라 지금 각 주체가 어떤 기준으로 기술을 설계하고 활용할 것인가에 대한 해법을 제시하는 현실적인 출발점입니다.

이 책은 정답을 제시하기보다 우리가 나아가야 할 전략적 방향을 제안합니다. AI를 단순한 기능으로 볼 것인가, 아니면 경험을 지휘하는 존재로 볼 것인가를 묻습니다. 우리는 기기와 서비스를 양적으로 늘릴 것인가, 아니면 그것들이 하나의 팀처럼 작동하도록 설계할 것인가를 고민해야 합니다. 단위 자동화에 머물 것인가, 아니면 오케스트레이션이 가능한 구조를 구축할 것인가를 선택해야 합니다.

이제 독자에게 남은 질문은 이것입니다. 당신의 조직과 서비스 그리고 일상은 이 구조적 변화를 받아들일 준비가 되어 있습니까? AI가 경험을 지휘하는 시대는 이미 시작되었습니다. 그지휘봉을 AI에게 맡길 준비가 되어 있는가 그리고 그 무대를 제대로 설계하고 있는가는 결국 우리의 선택에 달려 있습니다.

APPENDIX

부록

AIXO 시대,
경험은 어떻게 확장되고 진화하는가

앞서 우리는 파편화된 경험을 하나의 유기적인 흐름으로 연결하기 위한 구조적 토대인 MDX, MSC 그리고 이를 지휘하는 AIXO에 대해 살펴보았습니다. 그렇다면 이러한 구조적 준비가 끝난 세상, 즉 AI가 사용자 경험의 온전한 지휘자로 기능하는 미래는 과연 어떤 모습일까요?

여기서는 AIXO가 완전히 정착된, 가까운 미래의 경험 세계를 심층적으로 조망해 보고자 합니다. 과연 그런 세상에서 사용자 경험의 폭과 깊이는 어디까지 확장될 것이며, 그 과정에서 발생할 수 있는 새로운 위험과 부작용은 어떻게 통제되어야 할까요?

이 질문에 답하기 위해서는 두 가지 축을 기준으로 미래 경험의 구체적인 지형도를 그려볼 볼 필요가 있습니다. 첫째, 경험의 폭과 깊이가 어떻게 확장될 것인가? 둘째, 그 확장이 가져올 위험과 부작용을 어떻게 통제할 것인가? 각각의 변화 속에서 디자이너·기획자·제품 리더가 어떤 역할을 맡게 되며, 미래에 대비하기 위해 지금 무엇을 준비해야 하는가도 함께 고민해야 합니다.

감각 융합:
화면을 넘어 오감으로 확장되는 경험

지금까지 디지털 경험의 중심은 대부분 '화면(Screen)'에 머물러 있었습니다. 하지만 미래의 경험은 화면 속 시각 정보에 한정된 기존의 인터페이스를 넘어, 사용자의 오감과 몸 전체를 기반으로 작동하는 방향으로 확장될 것입니다. 조명·소리·촉감·온도·공기 흐름 같은 물리적 요소는 이미 다양한 기기에서 출력되고 있지만, 각각의 기기가 따로 동작하여 하나의 경험으로 연결되지 못하고 있습니다. 앞으로의 핵심 과제는 이 감각 요소들이 하나의 통합된 흐름으로 조율되는 것, 즉 기기가 아닌 감각 단위로 경험을 설계하는 세계로의 전환입니다.

미래 시나리오

아침: 몸이 가장 편하게 깨어나는 환경

AI는 잠자는 동안 사용자의 수면 패턴과 움직임 데이터를 기반으로 조명의 밝기와 색 온도(시각), 실내 온도(촉각), 잔잔한 사운드(청각) 등 '기상하기에 좋은 감각 조건'을 순차적으로 조절합니다.

낮: 움직임과 활동 중심으로 반응하는 공간

거실의 센서는 사용자의 움직임 속도, 위치 변화, 주변 소리 패턴을 감지합니다. AI는 이러한 사용자의 활동 맥락 정보를 바탕으로 배경 음악의 음량(청각), 조명 방향(시각), 공기 흐름(촉각)을 자동으로 조절합니다. 사용자가 방을 이동하면 빛의 방향과 세기가 자연스럽게 따라옵니다.

저녁: 이완을 돕는 감각 중심 모드

하루 종일 움직여 변화한 체온·걸음 수·근육 긴장도 같은 신체 지표를 참고해 조명은 부드러운 간접광으로(시각), 소리는 고주파 음을 줄인 편안한 톤으로(청각), 공기는 몸이 편안함을 느끼는 미세한 바람으로 바뀝니다(촉각).

이러한 경험은 AIXO의 MDX 지휘 능력을 기반으로 합니다. 조명·스피커·온도 조절기·공기청정기 같은 개별 기기가 아니라, AIXO가 사용자의 물리적 상태(맥락)를 기준으로 여러 감각 출력 장치를 동기화해 하나의 감각 경험으로 만드는 것입니다. AI 에이전트는 '사용자가 아침에 깨어나는 장면'이라는 맥락을 인식하면, 빛·소리·온도·공기 흐름의 출력을 시간 순서와 강도까지 감각 단위로 조율합니다.

감각 기반 경험의 확장은 이미 산업 전반에서 빠르게 진행되고 있습니다.

- 센서와 사물인터넷 기반의 공간 인프라가 조명·가전·보안·에너지 시스템까지 하나의 플랫폼으로 통합되고 있습니다.

- AI는 조명·소리·온도·기류와 같은 물리적 감각 데이터를 분석해 단순 자동화에서 사용자 활동·상황에 맞춘 감각 조건 조정으로 발전하고 있습니다.

- 홈·오피스·차량 같은 주요 공간에서는 '어떤 감각 조건이 사용자에게 편안하고 자연스러운가'를 중심으로 소프트웨어와 하드웨어의 연동이 빠르게 표준화되고 있습니다.

앞으로 디자이너의 역할은 사용자 환경 중심에서 벗어나 빛·소리·촉감·공기·온도 같은 감각 요소를 하나의 경험으로 설계하는 공간 및 감각 기반 사용자 경험 설계자로 확장될 것입니다. 디자이너의 역할이 개별 제품이 아니라 '감각이 자연스럽게 이어지는 경험의 흐름'을 설계하는 직무 중심으로 전환하기 위해서는 다음과 같은 관점의 전환이 필요합니다.

- 화면 중심 사고에서 벗어나 공간 전체를 감각의 인터페이스로 보는 관점
- 조명·소리·온도·촉각·공기 흐름·향기·표면 재질 모두 활용 가능한 사용자 환경 요소
- '기능 단위'가 아니라 시간대·활동·상황에 따라 자연스럽게 변하는 감각 상태 설계프로토타입 단계에서도 '화면 흐름'이 아니라 '감각 흐름'을 같이 시뮬레이션. 예를 들어 '사용자가 소파에 앉는 순간 조명·음악·공기 흐름이 어떻게 변해야 하는가?' '손 떨림·체온 변화가 감지되면 어떤 감각적 피드백이 필요한가?'

앰비언트 인텔리전스: 공간이 나를 이해하고 움직이다

지금까지 디지털 기기는 사용자가 직접 조작해야 기능을

수행했습니다. 사용자는 PC를 켜고 앱을 실행하고 메뉴를 탐색해야 서비스를 이용할 수 있었고, 집·오피스·차 안의 여러 장치는 각자 따로 동작했습니다. 그러나 센서·사물인터넷·AI 기술의 발전은 공간을 단순한 배경이 아니라 사용자의 상태를 스스로 해석하고 반응하는 지능형 환경으로 바꾸기 시작했습니다.

앞으로의 핵심 과제는 개별 기기 중심 조작이 아니라, 공간 전체가 하나의 시스템처럼 동작하며 사용자 상황에 맞춰 '자동으로 상태를 전환하는 것'입니다. 즉 기기의 기능을 조작하는 경험에서 벗어나, 공간 자체가 사용자 경험을 구성하는 인터페이스가 되는 방향으로 경험의 단위가 확장됩니다.

┼┼┬ 미래 시나리오 ┴┼┼

집: 공간이 먼저 상황을 이해하는 집

현관 센서는 사용자의 걸음 속도, 소리 패턴, 신체 움직임을 감지합니다. AI는 이를 바탕으로 사용자가 '피곤한 귀가인지', '한가로운 귀가인지'를 파악합니다. 그에 맞춰 조명은 부드러운 간접광으

로 전환되고, 실내 온도는 평소 선호 상태로 복원되며, 공기 흐름
과 음악도 적절한 수준으로 자동 조절됩니다. 사용자는 아무 조작
도 하지 않아도 공간 전체가 그의 리듬에 맞춰 바뀝니다.

회사 회의실: 목적에 맞춰 자동 구성되는 스마트 오피스

회의실에서는 예약 정보, 회의 성격, 참석 인원 수를 기반으로 화
상회의 장비가 자동으로 켜지고, 화면은 발표 모드에 맞게 레이아
웃을 정리하며, 조명·온도·커튼·마이크 음량까지 회의 목적에
맞게 최적화됩니다. 회의 중 이산화탄소 농도나 온도 변화가 감지
되면, 쾌적한 환경을 유지하도록 자동으로 조절됩니다.

차량: 이동 상황에 반응하는 캡슐형 공간

운전자가 핸들에 손을 대지 않아도 차량은 좌석 압력 센서, 시선
추적, 속도 변화를 참고해 조명·공조·안내 음성·내비게이션 화
면 구성을 상황에 맞춰 자동 전환합니다. 운전 집중도가 떨어지
면, 차량은 음량을 줄이고 공기 흐름을 조절해 집중도 향상을 돕
습니다.

이러한 공간 기반 자동화가 가능해지는 이유는 AIXO의 관

리형 에이전트 때문입니다. AIXO의 관리형 에이전트는 사용자의 명시적인 요청이 없어도 센서 데이터를 지속적으로 모니터링하며 스스로 상황을 해석합니다.

사용자가 방에 들어오거나 회의가 시작되는 것은 명령이 아니라 맥락에 해당하지만, 관리형 에이전트는 이 맥락을 해석해 조명·온도·공기질·음향·기기 상태를 공간 단위로 자동 전환합니다. 즉 사용자가 "켜 줘", "꺼 줘"라고 말하기도 전에 공간은 이미 사용자 상태에 맞는 모드로 변화해 있는 것입니다. 이러한 앰비언트 인텔리전스의 확장은 이미 산업 전반에서 빠르게 진행되고 있습니다.

- 스마트홈, 스마트 오피스, 스마트 빌딩 시스템이 조명·온도·보안·동선·예약·설비 제어를 하나의 플랫폼으로 통합하고 있습니다.
- 사물인터넷 센서(움직임·광량·음압·공기질·온도·이산화탄소 등)는 공간 상태를 정밀하게 실시간 파악할 만큼 고도화되고 있습니다.
- 클라우드와 엣지 컴퓨팅 기술은 공간 내 다수의 기기를 초저지연으로 제어하는 기반이 되고 있습니다.
- 차량·가전·조명·냉난방 공조(HVAC) 산업에서도 센서 기

반 자동 전환이 표준 기능으로 자리 잡아가고 있습니다.

앞으로 디자이너의 역할은 공간 전체의 작동 원리를 설계하는 방향으로 확장될 것입니다. 기기의 화면을 개선하는 사용자 환경 중심 역할을 넘어, 공기·빛·온도·소리·기류 같은 물리적 요소가 어떤 규칙과 리듬으로 반응해야 하는지를 공간 시스템 관점에서 설계하게 됩니다. 이를 위해서는 다음과 같은 관점의 전환이 필요합니다.

- 화면 중심의 인터페이스가 아니라 공간 전체를 하나의 인터페이스로 보는 시각
- 조명·음향·공기질·온도·진동·가구 배치 등 물리적 요소를 '공간 사용자 환경'으로 다루는 사고
- 기능 중심이 아니라 상황 중심 설계로 전환. 예를 들어 '사용자가 퇴근 후 빠르게 귀가했을 때, 조명·음악·공기 흐름은 어떤 시퀀스로 변해야 하는가?' '회의가 끝나고 1분 뒤 회의실은 어떤 구성으로 리셋되어야 하는가?'

이처럼 앰비언트 인텔리전스는 경험의 단위를 '기기'에서 '공간'으로 확장시키며, AIXO가 현실 세계를 설계하는 방식 자

체를 바꿀 것입니다.

서비스 공생:
경계 없는 협력으로 완성되는 여정

지금까지의 서비스는 대부분 특정 앱 안에서 제공되는 기능을 중심으로 설계되었습니다. 하지만 AI 시대의 경험은 앱 단위가 아니라 여러 서비스가 서로의 데이터를 활용하며 함께 진화하는 서비스 공생 구조로 이동하고 있습니다. 이는 단순한 연동이나 제휴 수준을 넘어, 각 서비스가 서로의 맥락과 데이터를 공유하며 하나의 사용자 여정을 공동으로 만들어가는 생태계적 관계입니다.

테슬라가 '모빌리티 - 에너지 - 자율주행'을 통합해 하나의 경험 세계를 만들고, 애플이 헬스키트로 여러 헬스 서비스의 데이터를 묶어 개인 코칭 시스템을 구성하는 것은 서비스 공생이 만들어내는 경험의 대표적인 형태입니다.

╫╫╤ 미래 시나리오 ╧╫╫

과거의 어느 날

사용자는 어제 새벽에 도넛을 주문했고(배달 앱), 활동량은 평소보다 크게 줄었으며(웨어러블), 최근 과한 외식 소비 패턴이 감지되었습니다(금융 데이터).

다음 날

사용자가 모빌리티 앱을 켜자 자연스럽게 사용자 선호도와 건강 패턴에 맞는 샐러드 가게로 경로 안내가 이어지고, 결제 단계에서는 제휴 결제 서비스의 건강식 할인 쿠폰이 자동으로 노출됩니다. 사용자는 이를 하나의 흐름으로 경험하지만, 그 뒤에서는 AI가 여러 서비스의 데이터를 결합해 스스로 시나리오를 조율하고 있습니다. 디지털 트윈은 이 조합이 장기적으로 건강·소비 패턴에 어떤 영향을 줄지를 미리 계산합니다.

이 시나리오가 가능한 이유는 AIXO의 MSC 기반 예측형 에이전트 때문입니다. AIXO는 서로 다른 도메인의 서비스가 가진 데이터를 안전하게 연결하고(데이터 계약·API 표준화 기반), 이 질적인 서비스를 레고 블록처럼 목적에 맞게 조합하여 사용자에게 적합한 서비스 조합을 실시간으로 구성합니다.

예측형 에이전트는 건강(활동량)·소비 패턴·음식 구매 내역·시간·위치 같은 맥락 정보를 결합해 지금 사용자에게 가장 유리한 선택을 판단하고 이를 경험 흐름에 녹여냅니다. 즉 개별 서비스의 기능이 아니라 여러 서비스가 합쳐져 만드는 새로운 경험 단위가 중심이 되는 구조입니다. 이러한 공생 플랫폼의 확장은 이미 산업 전반에서 빠르게 진행되고 있습니다.

- 현대자동차·지멘스는 공장·설비 데이터를 디지털 트윈으로 통합해 생산·품질·에너지 효율을 상호 보완하는 산업 공생 플랫폼을 구축 중입니다.
- 네이버·아마존은 사용자·비즈니스 페르소나 기반으로 쇼핑·결제·클라우드·문서·협업 서비스를 하나의 흐름처럼 엮는 AI 컨시어지형 플랫폼으로 확장하고 있습니다.
- 금융·헬스·모빌리티·커머스 업계에서도 단일 서비스 고객이 아니라 하루 전체 여정 속의 고객을 중심으로 서비스 조합을 설계하는 흐름이 강화되고 있습니다.

앞으로는 디자이너의 역할도 '앱 사용자 경험' 설계자에서 '생태계 사용자 경험' 설계자로 확장될 것입니다.

- 서비스 생태계 설계자
- AI 페르소나·시나리오 매니저
- 시뮬레이션 기반 사용자 경험 설계자

디자이너는 개별 서비스 화면이 아니라 서비스들이 서로 공생하며 만드는 거대한 사용자 여정을 다루는 역할이 중심이 될 것이며, 서비스 단일 경험보다 서비스 간 스토리 라인에 집중해야 할 것입니다.

- 단일 앱 중심이 아니라 여러 서비스가 이어지는 전체 여정을 시나리오로 설계. 예를 들어 은행에서 대출 시뮬레이션 → 제휴 모빌리티로 차량 선택 → 보험 및 결제로 자연스럽게 이어지는 경험
- 디지털 트윈·AI 페르소나 기반 실험을 통해 어떤 서비스 조합이 어떤 성과를 만드는지 KPI와 데이터로 검증
- 서비스 간 API 연결, 데이터 계약, AB 테스트 루프는 '실시간 업데이트 가능하도록', 서비스 조합은 '시간이 지날수록

자동 최적화되도록' 설계

적응적 메타 경험:
나에게 맞춰 시시각각 변하는 사용자 환경

지금까지의 사용자 환경은 한 번 디자인하면 그대로 유지되는 정적 시스템이었습니다. 하지만 사용자의 상태·환경·기기·감정·주변 맥락이 계속 변하는 AI 시대에는 사용자 환경이 실시간으로 변화하고 재구성되는 것이 불가피합니다.

우리 주변에 이미 그 초기 형태가 존재합니다. 시간대에 따라 화면 밝기가 자동 조정되고, 배터리·네트워크 상태에 따라 앱 사용자 환경 구성이 달라지면서 '상황 기반 디자인'이 빠르게 확산되고 있습니다. 여기에 증강현실(AR)·가상현실(VR)·확장현실(XR)과 AI가 결합되면, 현실과 가상의 경계가 희미해진 환경에서 정보 밀도와 사용자 환경은 실시간 재구성이 필수가 됩니다. 그렇지 않으면 사용자는 금방 정보 과부하에 빠지게 됩니다.

┼┼┬ 미래 시나리오 ┴┼┼

사용자 상황

사용자는 AR 안경을 쓰고 쇼핑 정보를 확인하며 길을 걷고 있습니다. 그 순간, 회사에서 긴급 알림이 도착합니다. AI는 심박수 상승·눈 깜박임 속도·표정 변화 등을 통해 사용자가 긴장 상태임을 감지합니다.

AI 대응

쇼핑 관련 사용자 환경은 순식간에 사라지고 최소한의 정보만을 제공하는 업무 모드 사용자 환경으로 자동 전환됩니다. 사용자의 시야에는 긴급 문서·담당자 연락처·일정만이 남습니다. 상황이 안정되면 사용자 환경은 다시 쇼핑 모드로 부드럽게 복귀합니다. 사용자가 별도의 조작 없이도 사용자 환경이 지금의 상황에 맞는 최적의 형태로 바뀌는 것입니다.

이 경험은 AIXO의 경험 전달 레이어와 실시간 적응형 엔진을 통해 구현됩니다. AIXO는 사용자 맥락을 감지하고(심박수·

표정·이동 속도·기기 상태·시간대 등) 이를 기반으로 사용자 환경·정보 밀도·인터랙션 규칙을 즉시 재구성하는 적응형 엔진을 갖고 있습니다. 즉 사용자의 내적 상태(피로·흥분·집중)와 외적 상황(장소·속도·기기)을 동시에 고려해 사용자 환경을 조율합니다. 이는 단순한 개인화가 아니라 상황 기반 사용자 환경 조율이라는 전혀 다른 차원의 경험입니다.

산업 전반에서도 메타 경험을 향한 변화는 이미 시작되었습니다.

- 넷플릭스·아마존·세일즈포스는 사용자의 행동·선호·시간대 데이터를 기반으로 사용자 환경 노출 방식·탐색 구조·추천 정보를 실시간 조정하는 엔진을 상용화했습니다.
- 게임·교육·엔터테인먼트 업계에서는 사용자의 집중도·숙련도·감정 상태에 따라 난도나 연출을 조절하는 적응형 콘텐츠가 빠르게 확산되고 있습니다.
- XR 플랫폼에서는 사용자의 시선·거리·주변 소리·상태 변화에 따라 시야 전반의 정보 밀도를 자동 조절해야 한다는 요구가 강해지고 있습니다.

앞으로 디자이너는 정적인 화면 제작자가 아니라 적응 규칙 설계자로 진화할 것입니다. 화면을 만드는 사람에서 상황을 해석해 사용자 환경을 재구성하는 규칙을 만드는 사람으로 역할이 이동합니다. 디자인의 단위는 더 이상 '화면 → 컴포넌트'가 아니라 '상태 → 규칙 → 행동'으로 전환될 것입니다.

- 패턴 기반 사용자 경험 설계자
- 초개인화 경험 큐레이터
- 데이터 기반 경험 전략가
- AR·XR 뷰포트·정보 밀도 디자이너

이를 위해서는 정적인 화면 세트가 아니라 변화하는 규칙을 설계하기 위한 준비가 필요합니다.

- '특정 상태에는 어떤 사용자 환경이 최선인가'를 정의하는 상황 기반 디자인 룰북(예를 들어 피곤한 상태에서는 선택지 축소, 여유로운 상태에서는 탐색형 사용자 환경 강화 등)
- 데이터 분석을 통해 어떤 맥락에서 어떤 사용자 환경이 유리한지를 정량적으로 검증
- 사용자 경험·데이터·AI 팀이 협력하여 '상태 → 규칙 → 사용자 환경 변화'의 여정을 설계하는 적응형 워크숍을 반복

적으로 운영

- AR·XR 환경에서는 정보 밀도 관리, 사용자 환경 레이어 우선순위, 위험 상황 차단 등 공간 사용자 환경 규칙을 함께 설계

윤리적·재생적 경험:
기술, 인간을 향한 따뜻한 배려

감각·환경·서비스·사용자 환경이 모두 통합되는 AIXO 시대에는 경험이 그만큼 더 강력해집니다. AI는 우리의 상태를 이해하고 선택을 돕고 행동을 예측하고 상황에 맞는 경험을 설계합니다. 하지만 바로 이 지점에서 '이 기술은 정말 사용자의 편안함과 즐거움을 위해 일하고 있는가, 아니면 더 많은 체류·사용·소비를 끌어내기 위해 작동하고 있는가?'라는 중요한 질문이 제기됩니다.

AI 기반 경험이 확대될수록 개인정보 침해, 데이터 유출, 알고리즘 편향, 과도한 주목 경쟁, 설명 불가능한 의사결정 같은 우려는 더 커지고 있습니다. 유럽연합의 AI법(EU AI Act), 글로벌 프라이버시 규제 강화, 다양한 AI 윤리 가이드라인은 기술이 똑똑해질수록 그 경험은 더 윤리적이어야 한다는 사회적 요구를 반영합니다. 이제 경험 설계자는 사용자의 시간·감정·자율

성을 보호하는 책임까지 부담하게 됩니다.

┼┼┬ 미래 시나리오 ┼┼┼

사용자 상황

밤 11시 30분, 사용자는 피곤한 상태로 한 시간 넘게 무한 스크롤을 반복하고 있습니다.

AI 대응

AIXO는 심박수·시선 흐름·사용 패턴을 분석해 사용자에게 지금 필요한 것은 휴식이라는 결론을 냅니다. 이 시스템의 KPI는 광고 노출이 아니라 정서적 웰빙 지수(Emotional Well-being Index)입니다. 화면에는 다음 메시지가 뜹니다. "오늘 하루, 몸도 마음도 많이 지쳤어요. 10분만 눈을 쉬게 해볼까요? 회복 모드로 전환합니다."

이 시나리오는 AIXO의 최상위 목표 함수가 '체류 시간 증대'가 아닌 '사용자 웰빙'으로 설정되었기에 가능했습니다. 관리형 에이전트가 사용자의 중독 패턴을 감지하자, 사전에 설계된 윤리적 가드레일이 작동하여 서비스 사용을 제한하고 회복을 제안하는 보호 조치를 실행한 것입니다.

윤리적·재생적 경험에 대한 산업적 움직임도 본격화되고 있습니다.

- 주요 플랫폼: 스크린 타임 알림, 디지털 웰빙 모드 기능 도입
- 글로벌 기술 기업: 공정성·편향 점검 도구, 데이터 권한 대시보드 제공
- 정책 동향: 데이터 최소 수집, 알고리즘 설명 의무 강화

산업은 점점 사용자 중심 윤리를 기술 구조에 내장하는 방향으로 이동하고 있습니다. 디자이너의 역할은 경험 설계자를 넘어 디지털 웰빙 설계자로 확장됩니다.

- 데이터 윤리 설계자
- 공정성·투명성 사용자 경험 디자이너
- 디지털 웰빙 전략가

디자이너는 경험을 설계하는 일뿐만 아니라 경험이 사용자를 지치게 하지 않도록 감시하는 역할까지 맡게 됩니다. 이를 위해서는 가입·로그인 전환, 구매·결제 전환과 같은 전환 중심 KPI에서 다음과 같은 웰빙 중심 KPI로의 전환이 필요합니다.

- 후회 없는 사용 경험 비율
- 과도한 사용 시간 감소
- 감정 안정도 변화
- 사용자 자율성 지표

이러한 지표는 디자인 초기에 함께 설계되어야 하며, 데이터·AI·서비스 팀이 공동 관리해야 합니다.

초융합 거버넌스:
모두가 함께 만드는 미래의 규칙

MDX·MSC·AIXO로 구성된 거대한 경험 생태계는 어떤 한 기업이 독점적으로 만들 수 있는 구조가 아닙니다. 감각 융합 시스템이 건강·위치·생활 데이터를 다루고, 앰비언트 인텔리전스 플랫폼이 집·차·도시의 센서 정보를 실시간 처리하며, 서비스 공생 플랫폼이 보험·결제·교통 등 사회적 자원에 영향을 미치는 상황에서는 기업·정부·사회·전문가 집단이 함께 공통 규칙을 만들어야 합니다. 이 새로운 협력 모델이 바로 '초융합 거버넌스(Transvergence Governance)'입니다.

┼┼┬ 미래 시나리오 ┴┼┼

자율주행 택시가 사고를 냈습니다. 즉시 AI 안전 거버넌스 플랫폼이 작동합니다. 차량 데이터와 센서 로그는 암호화된 형태로 공유되고, 민간 기업(AI 및 차량 제조사), 정부 기관, 시민 대표단, 보험사가 동일한 데이터에 기반해 원인 분석과 보상 절차를 함께 설계합니다. 피해자 선(先) 치료 프로그램, 기술 개선 계획, 제도 보완안이 하나의 프로세스로 이어집니다.

AIXΩ는 투명성 프로토콜과 데이터 공유 표준을 내장해 이 협력을 가능하게 합니다. 사고나 위급 상황 발생 시 필요한 데이터만 암호화된 형태로 이해관계자에게 즉시 전달합니다. 사고 원인과 판단 근거를 명확히 시각화하여 사회적 논쟁 비용도 줄입니다.

정부 정책과 산업 전략에서도 공동 거버넌스 흐름이 빠르게 확대되고 있습니다.

- EU · 싱가포르 · 미국: 스마트시티 · 거브테크(GovTech) 기반 실시간 도시 운영 체계 실험
- 데이터 신탁(Data Trust) 도입
- 시민 참여형 기술 평가 시스템 증가
- AI 윤리 위원회 · 공공과 민간 합동 감독 체계 강화

AI 경험이 사회 인프라가 될수록 명확한 책임 구조와 투명한 협력 모델의 중요성이 강조됩니다. 앞으로 디자이너는 서비스 설계자를 넘어 AI 거버넌스 설계자, 즉 기술과 사회를 잇는 퍼실리테이터(Facilitator)가 되어야 합니다.

- 공공 · 사회 경험 디자이너
- 책임 데이터 플로우 설계자
- 기관 간 협업 퍼실리테이터

이를 위해서는 기술만이 아니라 관계까지 설계하는 방향으

로 역할 확대가 필요합니다.

- 정부 – 기업 – 사회가 공유하는 공통 언어 정립
- 민감한 데이터에 대한 책임 흐름 정의(누가 언제 어떤 권한을 갖는가?)
- 정책 담당자 · 시민 의견이 실제 서비스 설계에 반영되는 루프 구축
- 시각적 다이어그램 · 프로토콜 형태로 협력 구조 문서화

사용자 경험의 범위가 화면을 넘어 사회적 절차, 합의 과정, 협력 구조 전체를 아우르게 됩니다.

조직에서
이 책을 활용하는 법

이 책은 개인이 혼자 읽고 이해하기보다 조직 안에서 여러 사람이 함께 읽고 실천하며 사고와 대화 방식이 조금씩 달라질 때 비로소 제 역할을 할 수 있습니다. 모든 구성원이 같은 깊이로 읽을 필요는 없습니다. 각자의 위치에서 필요한 관점만을 선택적으로 참고하는 편이 현실적이고 효과적입니다.

임원과 의사결정자:
우리는 기능을 개선하고 있는가, 아니면 경험의 구조를 재설계하고 있는가

임원과 의사결정자의 입장에서 이 책은 무엇을 즉시 실행하라고 지시하는 전략서라기보다, 조직의 판단 기준을 점검하게 만드는 지침서에 가깝습니다. 사용자 경험의 중요성은 이미 많은 조직에 공감대가 형성되어 있지만, 실제 의사결정의 순간에는 여전히 기능 단위의 성과나 단기 지표가 판단을 지배하는 경우가 적지 않습니다. 이 책은 그러한 의사결정 방식이 왜 반복적으로 경험의 단절과 복잡성을 만들어왔는지를 설명합니다.

특히 MDX, MSC, AIXO로 이어지는 경험 구조의 다이어그램은 복잡한 설명 없이도 '우리가 무엇을 충분히 정의하지 않은 채 의사결정을 내려왔는가'를 직관적으로 드러냅니다. 임원 독자께서는 모든 사례와 세부 내용을 숙지하지 않아도 괜찮습니다. 중요한 것은 기업이 지금까지 기능과 조직 중심으로 문제를 바라보고 있었는지, 아니면 사용자 목적과 흐름을 기준으로 판단하고 있었는지를 점검하는 일입니다. 이 책을 읽은 뒤 회의에서 '우리는 기능을 개선하고 있는가, 아니면 경험의 구조를 설계하고 있는가'라는 질문이 등장하기 시작한다면, 그 자체로 이 책은 조직 안에서 의미 있는 역할을 하고 있다고 볼 수 있습니다.

중간 관리자와 기획 리더:
지금 하고 있는 일들을 어떤 구조로 재정렬해야 하는가

중간 관리자와 기획 리더에게 이 책은 보다 직접적으로 활용 가능한 도구가 됩니다. 이들은 전략과 실행 사이에 위치하며, 위로는 방향을 설명해야 하고 아래로는 실제 설계를 책임지는 역할을 맡고 있습니다. 이 책은 이러한 위치에 있는 사람들에게 판단의 기준과 설명의 언어를 제공합니다.

기기 구조(MDX)와 서비스 융합(MSC)에 대한 논의는 단순한 개념 소개가 아니라, 프로젝트가 왜 점점 복잡해졌는지를 설명할 수 있는 논리적 틀로 작동합니다. 기능이 늘었음에도 사용자 불편이 줄지 않았던 이유, 서비스가 확장될수록 내부 조율 비용이 증가했던 이유를 개인의 역량이나 실행력의 문제가 아니라 구조의 문제로 재정의할 수 있습니다.

각 장의 핵심 요약과 실무 적용 가이드는 현재 진행 중인 프로젝트를 점검하는 기준점으로 활용될 수 있으며, 무엇을 더 만들어야 하는지가 아니라 무엇을 먼저 정의해야 하는지를 재고하게 만듭니다. 이는 새로운 일을 추가하기보다, 기존의 일을 구조적으로 재정렬하도록 돕습니다.

실무자:
직관을 조직이 이해할 수 있는 언어로 어떻게 정리할 것인가

실무자에게 이 책은 자신의 문제 의식과 직관을 논리적으로 정리할 수 있는 언어를 제공합니다. 많은 실무자가 이미 사용자 경험의 문제를 현장에서 체감하고 있지만, 이를 조직 안에서 논리적으로 설명할 언어를 갖지 못해 어려움을 겪습니다. 이 책은 왜 이 방식이 불편한지, 왜 기능을 더해도 문제가 해결되지 않는지를 개인의 감각이 아니라 경험 구조의 문제로 설명할 수 있는 관점을 제시합니다. 부록 3에 정리된 설계 가이드는 실무자가 자신의 작업을 정리하고 조직이나 타 부서와 소통할 때 실질적인 기준점으로 활용될 수 있습니다.

가장 현실적인 활용법

조직에서 이 책을 활용할 때 범할 수 있는 오해는 모든 것을 한 번에 바꾸려는 시도입니다. 경험의 구조는 선언만으로 바뀌지 않습니다. 이 책이 제안하는 출발점은 훨씬 작고 구체적입니다. 조직 안에서 가장 문제가 되는 사용자 경험 하나를 선택한 후 이를 기능이 아닌 흐름의 관점에서 다시 바라보는 것부터 시작하면 됩니다. 이 책은 정답을 제시하기보다 '이 경험은 어디에서 끊기고 있는가', '사용자가 어떤 판단을 떠안고 있는가'라는 질문을 던지게 만듭니다. 이러한 질문이 반복하면, 조직의 대화는 점차 기능 추가보다 구조 정렬을 중심으로 이동하게 됩니다.

조직에서 이 책을 활용하더라도 곧바로 성과가 나타나지 않을 수 있습니다. 가장 먼저 달라지는 것은 결과가 아니라 대화의 방식일 것입니다. 회의에서 기능 목록보다 사용자 경험의 흐름이 먼저 언급되고, "AI를 도입하자"라는 발언 대신 "AI가 판단해야 할 위치는 어디인가"라는 질문이 등장하기 시작합니다. 이러한 변화는 조직이 사용자 경험을 다루는 방식이 달라지고 있다는 분명한 신호입니다.

마지막으로 이 책의 모든 내용을 완벽하게 숙지하지 않아도 괜찮습니다. 이 책을 읽고 난 뒤 같은 질문을 같은 구조에서 제기했다면, 그 조직은 이미 이전과는 다른 단계에 들어섰다고 할 수 있습니다.

경험의 설계도:
MDX, MSC 그리고 AIXO 실무 가이드

앞서 기기와 서비스, AI가 개별적으로 고도화되었음에도 불구하고 왜 사용자의 경험은 여전히 파편화되어 있는지 구조적인 관점에서 분석했습니다. 여기서는 이러한 분석을 바탕으로 경험을 하나의 유기적인 흐름으로 엮어내기 위한 구체적인 설계 방법론을 다루고자 합니다.

기기 간 물리적 관계를 정의하는 MDX와 서비스 간 흐름을 지휘하는 MSC 그리고 이를 지휘하는 AIXO를 실제 제품과 서비스에 어떻게 적용할 것인지에 대한 실무 지침을 제안합니다.

MDX 설계 가이드

❶ 기기 연합에 포함된 각 기기의 하드웨어 자원을 목록화
하고 이를 가상화합니다.

❷ 특정 기기의 마이크나 카메라 혹은 디스플레이 같은 하
드웨어 리소스가 해당 기기만의 부품이 아니라 연합의
공유 자원이라는 인식이 필요합니다. 예를 들어 노트북
으로 화상 회의를 시작할 때, 주변에 있는 스마트폰의 고
성능 카메라를 자동으로 인식하여 웹캠으로 전환하거나,
태블릿을 보조 모니터로 즉시 확장하는 기능은 하드웨
어 자원의 유연한 재배치를 전제로 합니다.

❸ 기기 간의 관계를 설계할 때에는 동기화, 전환, 확장, 보
완이라는 네 가지 패턴 중 현재 상황의 맥락에 가장 적합
한 방식을 선택해야 합니다.

❹ 사용자가 기기를 이동할 때, 지연 시간을 최소화할 수 있
는 연결 우선순위를 미리 정의해 두어야 합니다.

MSC 설계 가이드

❶ MSC의 핵심은 기능을 설계하기 전에 사용자의 목적을
먼저 정의하는 것입니다.

❷ 사용자가 달성하려는 최종 목적을 하나의 중심축으로

설정하고, 이를 이루기 위해 거쳐야 하는 서비스들을 여정 지도로 시각화를 합니다.

❸ 이때 가장 중요한 설계 요소는 전역 상태 관리입니다.

❹ 사용자가 특정 서비스에서 내린 결정이나 입력한 정보가 다른 서비스로 넘어갈 때 유실되지 않도록 공통의 데이터 규격을 마련해야 합니다.

❺ 서비스와 서비스가 만나는 접점에서는 데이터 계약을 통해 어떤 정보를 공유하고 책임 범위를 어떻게 설정할지 명확히 규정해야 하며, 사용자에게 서비스의 경계를 넘나드는 순간에도 수행하던 작업의 맥락이 끊기지 않는다는 신뢰를 제공해야 합니다.

❻ 서비스는 더 이상 독립적인 결과물이 아니라 목적이라는 거대한 흐름을 지탱하는 하나의 구간으로 기능해야 합니다.

AIXO 설계 가이드

❶ AIXO 설계의 핵심은 AI가 모든 경험과 기기를 자율적으로 실행하는 것이 아니라 사용자의 주도권과 AI의 자동화 사이에서 최적의 균형점을 찾는 데 있습니다.

❷ 이러한 균형점을 찾기 위해서는 판단의 가이드라인을

수립해야 합니다. 사용자의 선호도가 명확하고 반복적인 작업은 AI가 선제적으로 처리하되, 금전적 결제나 중요한 정보의 변경처럼 신중함이 필요한 지점에서는 반드시 사용자의 최종 승인을 거치도록 설계해야 합니다.

❸ AI가 내린 판단이 사용자의 의도와 다를 경우를 대비하여 언제든 이전 상태로 되돌릴 수 있는 복원 경로도 반드시 확보해야 합니다.

❹ AIXO는 정답을 강요하는 통제자가 아니라 사용자의 목적 달성을 돕기 위해 최적의 경로를 제안하고 뒤에서 흐름을 관리하는 보이지 않는 지휘자가 되어야 합니다.

서비스 간 상태 공유와 데이터 계약 체결

❶ 사용자가 하나의 서비스에서 수행한 결과나 결정한 사항을 다음 서비스로 전달하는 방법을 설계해야 합니다.

❷ 이를 위해 서비스마다 제각각인 데이터 형식을 표준화하고 맥락 정보를 보존할 수 있는 공통의 데이터 규격을 마련합니다.

❸ 각 서비스 팀은 다른 서비스로부터 어떤 데이터를 받고 어떤 데이터를 넘겨줄지를 약속해야 하며, 이 정보가 유실되었을 때의 대처 방안까지 설계도에 포함시켜야 합니다.

AI의 판단 범위와 주도권의 경계 설정

❶ 전체 흐름 속에서 AI가 스스로 결정할 수 있는 영역과 사용자의 확인이 필요한 영역을 구분해야 합니다.

❷ 사용자의 선호도가 명확한 반복적 과업은 AI가 선제적으로 실행하도록 설계하되, 비용이 발생하거나 보안이 중요한 지점에서는 사용자의 개입을 유도하는 구조를 만듭니다.

❸ AI가 조율자의 역할을 수행할 때, 사용자가 시스템에 대한 통제력을 잃지 않도록 현재 진행 상태를 시각화하는 장치도 마련해야 합니다.

가변적인 상황에 대응하는 복원력 설계

❶ 네트워크 오류나 서비스의 응답 지연 혹은 사용자의 갑작스러운 목적 변경과 같은 예외 상황을 목록화하고, 시스템이 이를 어떻게 감지하고 복구할지 정의해야 합니다.

❷ 흐름이 끊겼을 때, AI가 가장 안전한 지점으로 경험을 되돌리거나 사용자에게 적절한 대안을 제시할 수 있는 대응 시나리오를 구축합니다.

❸ 이러한 복구 체계가 갖춰질 때, 비로소 사용자는 안심하고 AI에 조율을 맡길 수 있습니다.

《 경험 설계 프레임워크 》

단계	설계 원칙	주요 활동	고려 사항
레벨 3: **지휘 및 조율** **-AIXO 설계** **가이드**	주도권 균형	AI 자동화와 사용자 주도권 사이 최적의 균형점 탐색	가이드라인 수립
	판단 및 실행	반복 작업의 AI 선제 처리, 결제 등 중요 결정은 사용자 승인, 진행 상태 시각화	판단 가이드, 사용자 승인
	가변성 대응	예외 상황 목록화, 복원 경로 확보, AI 대응 시나리오 구축	복원력 설계
레벨 2: **논리적 구조** **-MSC 설계** **가이드**	목적 중심 설계	기능 설계 전 사용자 최종 목적 정의 및 여정 지도 시각화	중심축 설정
	전역 상태 관리	서비스 간 데이터 유실 방지를 위한 공통 데이터 규격 마련	표준화된 규격
	서비스 간 조율	데이터 계약을 통한 정보 공유, 책임 범위 명확화, 맥락 유지 신뢰 제공	데이터 계약 및 신뢰
레벨 1: **물리적 토대** **-MDX 설계** **가이드**	자원 가상화	카메라·마이크 등 모든 기기 하드웨어 지원을 공유 자원으로 인식 및 목록화	유연한 재배치 전제
	기기 간 연결 패턴	동기화, 전환, 확장, 보완 중 맥락에 맞는 최적 패턴 선택	현재 맥락 기반 선택
	연결 최적화	기기 전환 시 지연 시간 최소화를 위한 연결 우선순위 정의	연결 우선순위

이러한 단계들을 차례로 거쳐 나갈 때, 서비스는 하나의 유기적인 연합체로 기능하게 됩니다. 각 단계는 기술적인 구현만큼이나 부서 간의 긴밀한 협의와 공통된 경험 철학을 필요로 합니다. 기획자와 개발자 그리고 디자이너가 이 가이드를 공유하며 각자의 역할을 수행할 때, 비로소 기술은 사용자의 일상을 지원하는 지능형 오케스트레이션으로 완성될 수 있습니다.

결국 앞서 소개한 설계 가이드를 실제로 구현해내는 것은 기술적인 완성도뿐만 아니라 조직의 일하는 방식에 대한 변화입니다. 기기 개발팀과 서비스 기획팀 그리고 AI 모델링 팀이 각자의 사일로 안에서 작업하는 구조로는 결코 통합된 경험을 만들어낼 수 없습니다. 사용자의 목적이라는 단일한 지향점을 향해 모든 부서가 정보를 투명하게 공유하고 협력하는 목적 중심의 조직 문화가 뒷받침되어야 합니다.

MDX와 MSC 그리고 AIXO는 단순한 기술 규격이 아니라 사용자를 중심에 두고 기술과 서비스를 재배열하려는 조직의 강한 의지의 산물입니다. 이 설계도가 현실에 적용될 때, 비로소 사용자는 기기와 서비스의 관리자라는 고된 역할에서 벗어나 진정한 경험의 수혜자가 될 것입니다.

경험 오케스트레이션에 대한 조직 계층별 설득 전략

기업에서 MDX와 MSC 그리고 AIXO로 이어지는 AI 경험 오케스트레이션을 도입하는 과정에서 가장 큰 걸림돌은 기술 그 자체보다 내부 설득과 조율인 경우가 많습니다. 이때 이 책은 세 가지 역할을 할 수 있습니다. 첫째, 보고 과정에서 실무자에게 강력한 방어 기제이자 설득의 논리를 제공합니다. 둘째, 기술 중심 기업이 경험 중심 기업으로 거듭날 때 겪는 전형적인 갈등 양상을 보여줌으로써 리더들에게 미리 대비할 기회를 줍니다. 셋째, 저자들의 실무 경험을 바탕으로 실제 기업 현장에서 나올 법한 날카로운 질문들을 미리 보여주고 예상 답안을 제공할 수 있습니다.

경영진(의사결정자)

- 주요 관심사: 투자 대비 수익(ROI), 시장 점유율, 브랜드 이미지, 경쟁사 동향
- 예상 반응: 우리도 AI를 도입하고 있는데, 이 방식은 비용이 얼마나 더 드는가? 단순히 기능을 추가하는 것보다 이 조율 작업이 매출에 직접적인 도움이 되는가?
- 설득 포인트: 개별 기능 경쟁은 이제 한계에 다다랐으며, 사용자 이탈을 막는 결정적 해법은 서비스 간의 매끄러운 연결성임을 강조한다. 기존 리소스를 통합하여 효율화하는 관점에서 접근하며, 고객생애가치(LTV)의 증대 효과를 데이터와 함께 제시한다.

중간 관리자(본부장, 팀장, 실무 리더)

- 주요 관심사: 부서 KPI 달성, 리소스 배분, 책임 소재, 기존 로드맵과의 충돌
- 예상 반응: 우리 팀의 성과는 특정 서비스의 지표로 평가받는데, 다른 팀과 연동하면 성과 측정이 모호해지지 않는가? 지금 진행 중인 개발 일정도 빠듯한데 전체 구조를 수정할 여력이 없다.
- 설득 포인트: 서비스 간 단절로 인해 발생하는 고객 문의나

이탈 비용을 가시화한다. 조직 간 데이터 계약과 상태 공유를 통해 장기적으로는 협업의 비효율을 줄이고 중복 개발을 방지할 수 있음을 설득한다.

실무자(기획자, 개발자, 디자이너)

- 주요 관심사: 업무량 증가, 기술적 구현 가능성, 기존 시스템과의 호환성
- 예상 반응: 데이터 규격을 표준화하고 상태를 공유하는 것은 기술적으로 부채가 많이 쌓이는 작업이다. 모든 기기에 대응하려면 검증과 테스트 단계가 기하급수적으로 늘어난다.
- 설득 포인트: 개별적인 개발 방식에서 벗어나 공통 프레임워크를 구축함으로써 향후 신규 기능 대응 속도가 빨라진다는 점을 부각한다. 부록 3의 설계 방법론을 활용하여 시행착오를 줄일 수 있음을 인식시키고, 단순 반복 작업이 아닌 시스템 아키텍처를 설계하는 가치 있는 일임을 강조한다.

AI 경험
핵심 용어

MDX(Multi-Device eXperience, 다중 디바이스 경험)

스마트폰, 스마트워치, TV, PC, 자동차 등 사용자가 이용하는 다양한 기기들을 하나의 연속적인 경험 흐름 안에서 유기적으로 연결되도록 설계하는 전략이다. 사용자는 기기별로 분절된 경험이 아닌 끊김 없이 이어지는 하나의 일상을 원한다. 기기가 바뀌어도 작업이 자연스럽게 이어지는 경험의 연속성은 AI 시대의 중요한 경쟁력이다

MSC(Multi-Service Convergence, 다중 서비스 융합)

금융, 커머스, 모빌리티, 헬스케어 등 서로 다른 서비스를

데이터와 AI를 매개로 연결하여 하나의 통합된 사용자 여정으로 엮어내는 전략이다. 사용자는 얼마나 많은 앱을 쓰느냐가 아니라 자신의 문제가 한 번에 해결되는가를 중요하게 여긴다. 이러한 이종 서비스 간의 융합은 사용자에게 새로운 가치를 제공하며, 기업에는 새로운 비즈니스 모델과 강력한 록인 효과를 창출한다.

AIXO(AI Experience Orchestration, AI 경험 오케스트레이션)

AI가 사용자의 의도와 맥락을 깊이 있게 이해하고, 이를 바탕으로 가용 가능한 모든 기기와 서비스를 최적으로 조합하여 하나의 완성된 경험 단위로 설계하고 전달하며 학습하는 통합 프레임워크다. 이는 AI의 역할이 단순한 기능 제공을 넘어 전체적인 경험을 지휘하는 단계로 전환됨을 보여준다. AIXO는 '맥락 인지 → 의도 추론 → 서비스 조합 → 경험 전달 → 피드백 학습'이라는 5단계 선순환 구조를 이룬다.

AI 에이전트(AI Agent)

특정 앱 내부에 갇혀 동작하는 수동적인 도구가 아니라, 여러 시스템과 기기를 능동적으로 넘나들며 사용자의 목표를 대신 수행하는 AI 주체를 말한다. 미래의 사용자 경험은 개별 앱을 일일이 조작하는 방식에서 벗어나 에이전트와의 상호작용을 중심으로 재편될 것이며, 이는 사용자 경험 디자인의 중심이 화면에서 에이전트로 이동함을 의미한다.

AI 오케스트레이션(AI Orchestration)

사용자의 목표를 달성하기 위해 필요한 여러 서비스와 API를 AI가 백엔드에서 자동으로 조합하여 최적의 워크플로우를 구성하고 실행하는 기술적 과정이다. 사용자가 여러 앱을 오가며 직접 기능을 조합하는 수고를 덜고, 원하는 결과만을 빠르게 얻을 수 있도록 돕는다. 슈퍼 앱이나 플랫폼 성공을 위한 핵심 요소다.

사일로(Silo)

조직, 시스템, 데이터가 부서나 기능 단위로 고립되어 서로 접근하거나 공유하기 어려운 단절된 상태다. 데이터가 사일로에 갇혀 있으면, AI는 사용자의 전체 맥락이 아닌 부분적인 정보만으로 판단할 수밖에 없다. 고개에 대한 통합된 관점(360도 뷰)을 확보하고 지능형 AIXO 전략을 구현하는 데 가장 큰 장애 요인이다.

마이크로서비스 아키텍처(MSA, Microservice Architecture)

거대하고 복잡한 단일 시스템을 작고 독립적인 기능 단위의 서비스로 나누어 개발·배포·관리하는 소프트웨어 아키텍처다. 서비스를 마치 레고 블록처럼 분리함으로써, AI 에이전트가 사용자의 상황에 맞춰 필요한 기능만을 유연하게 조합하여 새로운 경험을 신속하게 만들어낼 수 있는 기반이 된다.

디지털 트윈(Digital Twin)

공장, 도시, 심지어 고객 개개인과 같은 현실 세계의 대상이 가진 행동 및 상태 데이터를 기반으로 가상 공간에 구현한 쌍둥이 모델이다. 새로운 정책 결정, 가격 결정, 사용자 경험 변경 등의 경우 실제 환경에 적용하기 전에 시뮬레이션을 할 때 유용하다. AB 테스트의 리스크를 줄이고 예측 기반의 사용자 경험 설계 및 운영 최적화를 돕는다.

앰비언트 인텔리전스(Ambient Intelligence, 환경 지능)

센서, 네트워크, AI 기술이 결합되어 집, 자동차, 사무실과 같은 사용자의 주변 환경이 스스로 사용자의 상태와 맥락을 인지하고 능동적으로 반응하는 개념이다. 경험의 디자인이 화면 중심의 인터페이스를 넘어 빛·소리·온도·움직임 같은 물리적 요소로 확장됨을 의미하며, 눈에 보이는 사용자 환경이 아닌 몸으로 느껴지는 사용자 경험을 설계해야 하는 배경이 된다.

록인 효과(Lock-in Effect)

사용자가 특정 서비스나 플랫폼에 익숙해지고 데이터가 축적될수록, 다른 대안으로 이동하는 데 드는 전환 비용(시간, 노력, 금전적 비용)이 커져 사실상 해당 서비스를 떠나기 어려워지는 상태다. MDX, MSC, AIXO가 결합되어 제공하는 압도적인 편의성은 강력한 록인 효과를 만들어낸다. 기업에는 장기적인 경쟁우위를 제공하지만, 사용자에게는 편리함의 대가로 자율성과 선택권에 대한 고민을 안겨주기도 한다.

집필진 소개

안용일(An Yongil)

한국공학대학교(TUK) 디자인공학부 교수이자, 30여 년간 삼성전자의 디자인 혁신을 이끌어온 경험 전략 및 사용자경험(UX) 전문가다.

한국과학기술원(KAIST)에서 산업디자인을 전공하고 서강대학교에서 경영학 박사 학위를 받았다. 삼성전자 재직 시절 디자인경영센터 설립에 기여했으며, UX센터장과 CX-MDE센터(고객 중심 멀티 디바이스 경험 센터) 부사장을 역임했다. 폴더블 스마트폰, 비스포크 가전, 스마트싱스(SmartThings) 플랫폼 등 차세대 UX를 총괄하며 제조업의 디자인 경쟁력을 높이는 데 기여했다. 그 공로로 2016년 동탑산업훈장을 수훈했으며, 'iF 디자인 어워드(iF Design Award)' 등 다수의 국제 디자인상을 받았다.

현재는 인간 중심의 디지털 트윈과 자율 제조 환경에서의 안전 UX를 연구하며 미래 디자인 엔지니어 양성에 힘쓰고 있다.

유성진(Yoo Sungjin)

디지털 전략 컨설팅 회사 와이즈템플릿(WiseTemplet) 대표이자, 데이터와 인공지능(AI)을 기반으로 기업의 디지털 전략과 사용자경험(UX) 혁신을 자문해 온 전략 전문가다.

영국 케임브리지대학교에서 지역경제학 석사 학위를, 연세대학교에서 공학 석사 학위를 받았다. 글로벌 컨설팅 회사 맥킨지앤드컴퍼니에서 약 15년간 근무하며 디지털앤드애널리틱스(Digital & Analytics) 부문 부파트너를 역임했고, 서울·뉴욕·보스턴·상파울루·뉴델리 오피스에서 금융·플랫폼·제조·유통 기업의 디지털 전환과 데이터 기반 전략 수립 프로젝트를 수행했다. 이후 유럽 AI·데이터 전문 기업 아티팩트(Artefact)로 자리를 옮겨 한국 대표 파트너를 역임하며, 글로벌 기업의 고객 데이터 플랫폼 구축과 AI 기반 마케팅 혁신 프로젝트를 총괄했다.

현재는 기업과 기관을 대상으로 데이터·AI·고객 경험 전략에 관한 강연과 연구 활동에 매진하며, AI가 사용자의 목적과 맥락을 이해하고 경험 전체를 조율하는 'AI 경험 오케스트레이션' 시대를 탐구하고 있다.

최호규(Choi Hokyu)

광운대학교 반도체특성화대학사업단 교수이자 30년 가까이 삼성전자에서 모바일 기술과 제품 전략을 바탕으로 사용자경험 혁신을 추진해 온 전문가다.

한국과학기술원(KAIST)에서 이동통신 기술을 연구하며 전기전자공학 박사 학위를 받았다. 삼성전자 재직 시절 상무를 역임했으며, MX사업부(모바일경험 사업부)에서 제품 기획과 경험 기획을 맡아 갤럭시 생태계의 핵심 연결 경험을 기획·도입했고, CX-MDE센터(고객 중심 멀티 디바이스 경험 센터)에서 스마트폰·TV·가전을 아우르는 멀티 디바이스 경험 전략을 수립했다. 마이크로소프트, 구글 등 글로벌 기업과 협력해 스마트폰·PC·자동차·스마트홈을 연결하는 디지털 생태계 확장에도 기여했다.

AI 에이전트,
초개인화 경험을 설계하라

1판 1쇄 인쇄 2026년 4월 3일
1판 1쇄 발행 2026년 4월 10일

지은이 안용일, 유성진, 최호규

발행인 양원석 **편집장** 최두은
영업마케팅 윤송, 김지현, 최현윤, 유민경, 김수윤

펴낸 곳 ㈜알에이치코리아
주소 서울시 금천구 가산디지털2로 53, 20층(가산동, 한라시그마밸리)
편집 문의 02-6443-8844 **도서 문의** 02-6443-8800
홈페이지 http://rhk.co.kr
등록 2004년 1월 15일 제2-3726호

ISBN 978-89-255-6945-1 03320